实体企业反腐密码

段秋斌　主编

中国人民大学出版社

·北京·

编委会

企业健康比发展更重要

（代序一）

改革开放四十多年来，民营企业由小到大，由弱到强，不断发展壮大，成为我国经济持续健康发展的重要力量。进入新时代，民营企业更是迎来最好的发展时期。正如人要保持健康一样，企业发展也需要健康，"企业健康比发展更重要"，逐渐成为企业家的共识。国家为企业发展创造了优良的外部环境，但企业健康发展还需要廉洁正直、诚信合规的内部环境。腐败不仅危害社会，也污染企业内部环境，对企业健康发展危害极大。反对腐败，我们要与时代同步、与国家同行，积极参与依法治国，把廉正合规纳入企业治理体系和治理能力现代化工作中。

东方希望集团（以下简称东方希望）自成立以来，始终坚持"诚信、正气、正义"的价值观念，坚持走正道，虽然经历了一些挫折和困难，但是凭借最初的坚持和"鹤立鸡群"的诚信，集团保持了稳健发展。40年的发展经历，让东方希望"诚信、正气、正义"的价值观念已经潜移默化地成为集团合规文化之源，不仅让我们清楚地认识到"企业健康比发展更重要"，更让我们相信"廉正合规是企业的生产力"。

随着社会经济的快速发展，有些人有投机取巧、走捷径的侥幸心理。实际上，急功近利源于不愿努力，轻信这世上有不劳而获的成功，相信自己可以绕过困难，可以快速获得竞争优势。然而，这世上哪里有捷径？如果有，打开这条捷径的密码就是坚持做正确的事，把正确的措施及时落实到位。企业反腐的目的是保护企业健康发展，既要惩前毖后、治病救人，又要帮助员工胸怀坦荡走正道。这本书列举了不同行业中优秀企业的反腐行动案例，这些案例反映出的反腐方法和宝贵经验，对新时代企业开展高质量的廉正合规建设工作有很好的借鉴价值。

廉正合规建设任重而道远。廉正合规，不能依靠个人的力量，而是要建立合规文化，需要文化"润物细无声"的滋润。萤萤之火，可照旷野。当企业的每个人都做到廉正合规，都做到"诚信、正气、正义"时，企业必将迎来"好雨知时节，当春乃发生"的良性发展状态。自然而然，不争为先；甘然后进，反而先进。当我们抵御腐败的能力提高了，企业健康了，发展便随之而来。

刘永行[*]

2022 年 7 月

---

[*] 刘永行，东方希望集团董事长。

反腐败是现代企业重要的社会责任
（代序二）

　　2021年，《互联网企业反腐密码》一书由中国人民大学出版社出版。该书出版后引发的关注，远远超出了我们的预期。在网络阅读的时代，一部原本将读者定位为专业人士的纸质图书销量超过万册，确实令人意外，也令专业研究者感到惊讶。如果要回答为什么这本小书会取得如此佳绩，能够给出的一个不太确切的答案就是，大家太需要这么一本用心讲述、娓娓道来的反腐书籍了，而这本书的魅力就在于它的"真"和"实"。2022年，它的姊妹篇《实体企业反腐密码》如期而至，会给读者继续带来这种阅读感受，同样会给读者讲述一个个鲜活的反腐故事，让公众了解民营企业在反腐中的投入和用心，让公众对民营企业肩负的社会责任有更多的了解；在疫情仍旧让人沮丧的时候，也给人们带来更多的安慰和期待。

一

　　反腐败，是社会治理中一个永恒的话题，而腐败问题也会随着经济社会的发展而具有不同以往的表现。现行法律中并没有对腐败的法律定义，但通常理解的腐败行为，可以通过现行法律和法规的具体规定予以明确。以现行法律和法规所规定的腐败行为为范围，基本上可以将腐败定义为，通过利用职权或者因职权而形成的影响力为自己或者他人牟取私利的行为。不过，这一界定给出的腐败行为的外延也是比较狭窄的。从最广义的层面上讲，任何对权力的滥用都可以被理解为腐败，腐败的本质在于对权力的滥用和侵蚀，而是否从中获取私利并非核心特征，只不过传统上我们把典型的腐败现象即以权谋私等同于腐败。

权力滥用行为不限于发生在公共部门之内。几年前，很多人对腐败的理解，仍停留在公共部门的腐败或者官员的腐败。最近几年，随着一些大型非国有企业自曝家丑，人们对腐败的理解发生了改变，发现私营部门的腐败居然也很严重。不过，仍有很多人会认为，私营部门的腐败问题距离他们的生活很远，对他们的个人利益没有什么影响。实际上，从这些年曝光的、发生在私营部门的腐败案例，其危害性并不亚于发生在公共部门的腐败，比较而言，发生在私营部门的腐败问题，与老百姓的日常生活更为密切，因为这类腐败在很大程度上影响到作为消费者的每个普通人的切身利益。例如，房地产领域的腐败问题，既可能推高房价，又可能导致质量不合格的建筑产品上市；再如，商品购销领域的腐败问题，会直接推高商品的价格，也会导致一些假冒伪劣商品横行市场；又如，一些网络平台的"店小二"利用常人难以发现的策略向一些电商索取贿赂，而电商则会将这些行贿成本转嫁到消费者头上。种种现象都说明，腐败可能发生在社会的各个角落。

在中国传统社会，对腐败的治理主要聚焦在官员的腐败问题上，这和传统社会的社会治理结构有关，因为官员的腐败不仅是法律问题，也是政治问题，更是社会道德问题。官员不仅具有管理社会的权力，也被视为践行伦理道德的榜样，因而"从严治吏"是传统社会反腐败的主流。在现代社会，腐败同样是法律问题、政治问题和社会道德问题，但对腐败的认识应当随着社会的发展变化而进行调整。在现代社会，尤其是市场经济条件下，应该着重从权力滥用和公众利益来认识腐败问题。腐败的本质就是权力的滥用，而其危害表现在对公众利益的直接或者间接损害。私营部门并不享有公共权力，但是其对内围绕经营自主权会形成一系列的权力运作关系，对外也会与上下游主体形成支配关系，这些实质上也是一种权力运作关系。与公共部门相比，私营部门并没有一般的社会管理职能，因而其没有一般性的、基于社会管理职能的权力。不过，随着经济社会的发展，私营部门事实上也会具有这类权力，这种权力同时也可以被理解为一种法律义务，即向政府履行一定的监管义务，但对被监管的主体而言，确实会影响到其行动和利益。例如，一些网络平台对发表违法信息的监管就属于这种情形。既然腐败是一种权力滥用行为，那么反腐败首先就是要把权力关进笼子里面，无论行使这种权力的主体是谁。

二

随着社会主义市场经济的不断发展，私营部门腐败问题日益严重，一些"大厂"发生的腐败案件也开始成为公众的关注对象，不过总体而言，对这类腐败案件的关注度远不如对公共部门腐败的关注度。或许只有"老虎"级别的案件才更能引起关注，而私营部门的腐败往往被界定为"苍蝇"级别了。如果我们仔细想想，私营部门的腐败一旦曝光，对于中小规模企业而言，可能就会带来生产、经营上的严重困难，甚至崩盘倒闭，随之而来就是小范围的失业问题；对于大型企业，尤其是上市公司而言，腐败案件一旦公之于众，也会带来灾难性的影响，会直接导致上市资格、股票价格等遭受多米诺骨牌般的冲击。无论从哪个角度看，私营部门的腐败问题都需要认真面对并着力加以解决。

也正是因为对私营部门反腐败问题关注不够，关于构建私营部门反腐机制的路径、方法和策略，实践中讨论并不充分，理论界也较少给予关注。最近几年，一些大型民营企业不断强化内部管理和制约机制，以反腐合规的方式来解决内部的腐败问题，取得了相当的成效。一些民营企业勇于自曝家丑，将"内鬼"行径公之于众，既向社会表明了坚决反腐的决心，也为其他企业树立了榜样，提供了可资参考的经验。本书中提到的一些案例即是如此，每个鲜活的案例都可能成为一本教科书，足以为其他企业解决自己内部的腐败问题提供现成的解决方案。

私营部门建立自己的反腐合规体系是解决腐败问题最为有效，也最为积极的选择。自律和他律之间，自律永远是最为积极、最为经济的解决办法。当然，对于大型民营企业而言，腐败发生的风险点会非常多，因而构建一个完备的反腐合规体系需要的成本是比较高的。不过，与腐败带来的损害相比，这点成本是理性且经济的支出。当然，必须看到，目前民营经济存在明显的发展不平衡的现象，对于一些大型企业而言，建立反腐合规体系属于理所当然的事情，而一些中小型企业对此总是抱有侥幸心理，甚至认为靠腐败可以获得更多竞争收益。不过，很多案例却一再证明，依靠腐败获得的竞争利益是不可能持久的。

对没有反腐败自律意识和能力的民营企业，就需要借助外力形成他律。他律也包括软性的和硬性的。软性他律，是指通过行业组织等进行指导、规范，不依靠强制或者制裁性措施，更多通过建立共同行业标准，甚至相互监督来解决企业内部问题。通过这种方式来推行反腐败，是企业通过同行的"眼"、"耳"、"嘴"和"手"帮助自己解决问题。软性他律看起来虽然比较柔性，但能够起到外部的规范作用，而且副作用较小。硬性他律，则通过行政机关、司法机关以检查、监督甚至制裁的方式进行规范，以纠正和惩罚违法犯罪行为来解决企业存在的问题。以这种方式反腐败，主要是以制裁方式惩罚企业及企业中的自然人。形象而言，前者有如吃中药，药效虽慢，但副作用不大；后者则如动手术，病患去除得快，但造成的间接损害也大，甚至会导致肌体功能不可恢复的损伤。

要做到既实现积极的反腐效果，又避免造成的牵连损害，对于民营企业而言，首先要靠自律，其次要靠软性他律。当然，如果腐败问题严重，最终也要靠硬性他律。本书提到的一些成功案例中，相关实体企业反腐主要靠内生的自律，因为企业的领导者清醒地认识到了腐败的严重性、反腐败的急迫性和复杂性。同样这些企业的领导者也认识到，反腐败仅仅靠一家之力是不行的，只有团结其他市场主体，主动营造清朗的市场经济环境和社会环境，才能真正解决这些问题。依靠软性他律来解决自身反腐能力不足的问题，不仅中小企业需要，大型企业也同样需要。近些年来，各种类型的行业组织在促进民营企业反腐败方面取得了实质性的进步，各行业内的民营企业相互取经、共同作为，共同向经济领域的腐败行为说"不"。

当然，作为市场秩序的主要维护者，公权力部门在反腐败中除提供政策和法律供给之外，以硬性他律方式规范市场行为，在任何时代都是不可或缺的。从一定意义上说，这也是市场经济条件下"新型政商关系"的组成部分。倘若没有硬性他律，自律和软性他律的动力都会被削弱。当然，硬性他律的形成，应以促进市场经济和市场主体健康发展为宗旨。硬性他律，不是指作风和手段生硬，而是指所运用法律措施的约束性和制裁性强。采取刮骨疗毒的方式可以，但不能因为得了脚癣就采取截肢的手段。最近两年多，最高人民检察院推行合规不起诉试点改革，就是探索构建积极的民营企业刑事法制保护的制度和机制：既要通过外力让涉罪企业改弦更张，又要避免对其造成不必要的损害，要促使它们活下去，确保地方经济能够平稳发展，避免出现大范围失业问题。

在我国社会主义市场经济已经取得辉煌成就的今天，要实现市场经济主体健康发展，必须要解决私营部门的腐败问题，而解决这一问题的思路，仍是形成自律与他律相结合的制度体系和合作机制，当然，最为重要的是，要真正解决认识和共识问题。本书提到的案例的"主人公"，都是这个领域中的先行者。一家优秀的企业，不仅是社会财富的创造者，更应当是社会主义核心价值观的践行者，也应当勇于肩负社会责任，积极促进社会文化建设。

三

反腐败是现代企业的社会责任,是所有市场主体的共同事业。在市场经济环境下,反腐败不可能是"各扫门前雪"的事情,而是需要"众人拾柴火焰高"的劲头。个中道理很好理解:一方面,腐败本身就有外溢性、蔓延性,管好自己的人和事也不可能将腐败完全隔离在自己门外。另一方面,腐败会损害公平竞争的市场秩序,仅仅做到洁身自好,反倒可能受到不正当竞争的损害。因此,各企业需要将反腐败作为一项社会责任,不仅要防范、遏制门内的腐败问题,更要积极形成合力,扫除市场领域的各种腐败。

在以往案例中,"大老虎"的身旁总有一些各式老板,他们彼此相互依存,相互借力。这些老板将"小老虎"养成"大老虎",而自己则从中获得丰厚的利益回报。由此造成的危害,不仅仅是这些"大老虎"获取大笔非法利益,更为可怕的是,给地方经济发展、政治生态造成侵蚀。这类老板是市场经济和社会的蠹虫,他们或许被视为地方的能人,但其给局部市场经济发展造成的不良影响可能更大。可以说,这种为虎作伥的能人,不是地方经济之福,反倒是地方经济之祸。党中央一直强调要构建"亲清新型政商关系",其中也就包含了政府官员与企业家之间要建立健康、清廉的合作关系。

可以说，在市场经济领域反腐败，首先就需要政府与企业之间建立共同的反腐败机制。当然，这也涉及如何加快构建法治化的、公平的市场经济秩序问题。

在不同所有制企业之间也应建立联动的反腐败合作机制，通过合作机制挤压市场腐败行为存在的空间，提高利用腐败进行市场经济活动的机会成本，让廉洁企业成为市场竞争的优胜者。从这个角度看，更应当促进市场主体之间达成反腐败的共识，以共识促成合力，以合力形成共同的合作机制，通过机制将那些有腐败行为的市场主体逐出市场，将腐败的市场行为摒弃于市场环境之外。形象而言，企业之间建立这种合作机制，就是"不和坏孩子玩"，不仅不让那些市场经济中的"坏孩子"获益，也不让他们有立足的空间，除非他们能够遵守规则，履行其应尽的社会责任，成为"好孩子"。

四

反腐败已成为企业内部治理的实际需求、政府的社会治理的必然要求、参与国际贸易的标准配置。我国作为世界第二大经济体，已深度融入世界经济体系，同世界经济紧密互动，中国企业，特别是民营企业，对对外贸易的贡献度日益提升，已成为我国对外贸易的主要力量。根据 2022 年 1 月 14 日海关总署发布的消息，2021 年，我国有进出口实绩的外贸企业数量达到了 56.7 万家，较上一年增加了 3.6 万家。其中，民营企业对外贸增长的贡献度达到了 58.2%。[①] 所以我们需要在国际视野下认识民营企业的反腐败工作。

如今，反腐败已经成为国际社会共同关注的话题，也成为各国政府的共识。《联合国反腐败公约》是参与范围最广的国际公约之一，为世界性的反腐败斗争以及国际反腐败合作提供了国际法上的依据与保证。中国是最早签署和批准《联合国反腐败公约》的国家之一，为中国的反腐败斗争和国际反腐败合作提供了经验和国际法依据。《联合国反腐败公约》第 12 条将私营部门的腐败行为纳入规制范畴，这对现代企业"走出去"提出了更高的要求。新时代的民营企业，需要高度关注、善于运用。国内治理方面，在政策层面，近年来国家出台《关于新时代加快完善社会主义市场经济体制的意见》、《优化营商环境条例》、《关于禁止商业贿赂行为的暂行规定》和《反不正当竞争法》等政策法规，强化企业合规管理，提升对商业贿赂犯罪的打击力度。在实践层面，商业反腐的相关立法分散，有关政府监管职责的履行标准、程序等方面的规定的操作性有待加强。

无论是国内治理，还是参与国际竞争，都需要有效释放

---

① 海关总署：2021 年民营企业对外贸增长的贡献度达 58.2%，中国新闻网，2022 - 01 - 14. https：//m. yangese. com/wap/news/1896826. html.

企业内生动力，通过市场机制与社群机制，为企业发展营造更好的法治环境。企业间协同反腐有助于优化营商环境，有助于企业共同提升对腐败的免疫力。企业共同提升生存发展能力，将是对政府治理的有益补充。

五

2017 年，"阳光诚信联盟"品牌的成立，就是秉持着民营企业共同反腐败这一初心。短短五年间，它发展迅猛，已经成为行业内共同反腐的一个相互借鉴的窗口、交流经验的平台。"阳光诚信联盟"品牌也不断推出公共产品，为各会员企业提供解决腐败问题的方案。如今"阳光诚信联盟"品牌的发展已经形成了一个现象，就是在社会主义市场经济条件下，私营部门如何通过构建联合机制开展反腐败，如何通过搭建共同平台形成反腐败的辐射效应，共同承担社会责任。

风雨几何，初心不变。本书的面世，会再次引起各企业的关注，让大家感受到这份赤诚和火热之心。本书的编写凝聚了编委会委员的心血，也将过去几年在反腐败中的经历和坎坷向读者进行了倾诉。自"阳光诚信联盟"品牌成立至今，作为首席咨询单位，中国人民大学刑事法律科学研究中心始终全身心地关注"阳光诚信联盟"品牌的每一步成长，分享每一份快乐和关注，也为私营部门反腐败事业贡献学术力量；

国家社会科学基金重大项目"健全支持民营经济发展的刑事法治研究"课题组也将"阳光诚信联盟"品牌的发展历程作为研究对象,以期在学术研究领域进行经验归纳和理论总结,并反馈到"阳光诚信联盟"品牌的发展当中。最近几年,"阳光诚信联盟"品牌的成长也得到中国犯罪学学会的关注和大力支持,为学术界、司法实务界和行业界共同合作创造更多良机,今后也会形成更为有效的合作交流机制,在"产研学"相结合方面不断推出新的成果,以飨读者。

我们相信,《实体企业反腐密码》的面世,会让更多的人关注民营企业在反腐败的努力,也会吸引更多人加入反腐败的共同事业!

时延安 *　岳向阳 * *

2022 年 7 月

---

　*　时延安,中国人民大学刑事法律科学研究中心主任、法学院教授、博士研究生导师,中国刑法学研究会副会长。

　* *　岳向阳,国家检察官学院副院长、教授、法学博士,中国犯罪学学会秘书长。

前言：这是一个好企业才能赚钱的时代

2021年，我们与中国人民大学出版社合作出版了《互联网企业反腐密码》，引起了很多企业创始人、管理者、反腐败从业者，甚至是社会大众的关注。这本书似乎成了企业腐败问题的一面"照妖镜"：在此之前，绝大部分企业创始人和管理者最关心的永远是销售额和利润率，在日益增长的投资回报面前，其他一切都显得不那么重要。直到他们在《互联网企业反腐密码》中看到了明星企业都会因腐败问题而坍塌。

也正是因为这面"照妖镜"，越来越多的企业创始人和管理者找到我，希望我能够在他们搭建起自己的反腐合规管理体系方面提供建议和帮助，更好地抵御腐败侵蚀企业的风险，为企业的健康长远发展筑起防线。从这个角度看，民营企业反腐败已经不再是讳莫如深的话题，民营企业的反腐败似乎已经开始从"要我做"转向了"我要做"。

"好企业"不再只是盈利能力强的企业。

我们必须直面一个客观现实：高质量的发展召唤高质量的企业，高质量的企业需要高质量的反腐合规体系建设。这个话题已经是新时代下企业必须要思考的命题。

2022 年，《互联网企业反腐密码》的姊妹篇《实体企业反腐密码》，就是要在新时代背景下，回答这些关于"好企业"的反腐合规问题，希望通过总结标杆企业的反腐败实践经验，沉淀反腐败工作方法，为中国民营企业提供本土化的腐败治理方案。

在过去的六年间，我们与各行业中数百位创始人和反腐合规从业者进行了深度访谈，在行业数据和专业文献中摸爬滚打。一条条信息、一个个案例，就像千万颗散落的珠子，被不断地审视，反复地斟酌，慢慢拼凑、缝合，串联出一张关于"企业反腐"从历史通往未来的地图。

继《互联网企业反腐密码》之后，《实体企业反腐密码》以更加宏阔的视角，在从增长转向分配、从效率转向公平、从高增长发育转向高质量发展的主基调下，更进一步揭示民营企业的反腐逻辑。

一是在案例选择上做了扩充。从互联网企业扩展到实体企业，选取了那些经历过经济周期和市场考验的"轻熟"实体，开展案例研究，试图总结不同行业赛道的民营企业反腐的痛点与经验。

二是在分析切入上做了提升。相比《互联网企业反腐密码》重点关注腐败治理技术，本书会把反腐败这个话题，内嵌到宏观经济与政策、企业管理与组织行为、国际化与战略、ESG 报告，甚至是家族企业财富传承的大背景中，展现反腐败的价值——监督保障执行、促进完善发展。

三是在研究方法上做了规范。"兵无常法，水无常形"，在保留《互联网企业反腐密码》的故事性、可读性、易解性的基础上，本书按照"问题—解决"的逻辑展开，把问题放在大势中思考，在案例中剖析，探究不同实体企业如何通过持续释放监督压力与办案推力，医治伤痛、自我净化，从而促使企业完善机制弥补漏洞、行稳致远。

反腐败是个"无禁区、无死角、全覆盖"的领域，民营企业的反腐败与时代大局同步，与纪法实践同向，与从严治党同力，与民营经济的发展同声。

真正的好企业才能经得起历史的选择。

反腐败既是跳出周期律的自我革命，又是成就百年基业、永续经营的重要法宝。

未来已来，欢迎来到好企业才能赚钱的新时代。

段秋斌

2022 年 7 月

目　录

第一章　破译实体企业反腐密码

2021 年 12 月 31 日，习近平以国家主席身份发表新年贺词，深刻指出：中华民族伟大复兴绝不是轻轻松松、敲锣打鼓就能实现的，也绝不是一马平川、朝夕之间就能到达的。[①]

事实似乎是：改革开放四十多年来，中国人均收入上涨了近百倍，几代中国人的收入都处于整体上升的快速通道；四十多年间，繁荣的低垂之果俯拾皆是，人均 GDP 从几百美元到过万美元，中国完成其他发达国家需要几百年积累的过程。从"站起来"到"富起来"好像挺轻松。

从富起来到强起来，从高速发展到高质量发展，绝不是轻轻松松、敲锣打鼓就能实现的，也绝不是一马平川、朝夕之间就能到达的！这是一场新时代的自我革命。

---

① 国家主席习近平发表二〇二二年新年贺词．人民日报，2022－01－01．

然而自我革命是有阵痛的。2020 年以来，疫情反复冲击，各行业变得"纠结而割裂"：全球科技巨头上市公司的市盈率变成"市梦率"，像吹了气的球一样膨胀，同时全球失业人口数却屡创新高；奢侈品品牌门庭若市，但是多数快消品企业的市值竟然暴跌百分之四五十；股权市场，头部企业被资金疯狂追逐，形成了诸如"茅资产""宁资产"，但 2021 年年底，风险容忍度最强的保险资金，都纷纷离开了它们最爱的"香饽饽"——房地产，亏本减持，割肉离场。

能够成为那批先富起来的人和企业，是时代的必然、个人的偶然，背后的逻辑是——时代在转向，从富起来到强起来，从效率转向公平，从速度转向质量。

下个十年，企业该到何处去？

其中的一把"钥匙"正是"反腐败"。实体企业是经济增长的重要根基，要把实体企业反腐败纳入新时代的宏观大势，用廉洁与合规的视角审视新型经济关系，降低企业经营中的"灰色成本"，实现实体企业的高质量发展，带动经济的新一轮增长。

第一节　宏观格局与底层逻辑

任何事物都不会孤立存在，理解实体企业的反腐格局与逻辑，需要把他们放在宏观格局与底层逻辑中加以审视。

格局与逻辑是什么？要干什么？

吸取教训，强国富民。

把 1978 年到 2018 年美国的经济发展轨迹延展开来，就会有一个惊人发现：前 1％ 的富豪的财富占比从 21％ 上涨到 37％，而 40％～90％ 这个中间层的财富占比则从 37％ 下降到 22％。对此，有个非常形象说法："消失的中间层（Missing Middle）"①。

在数字化加速"头部效应"和"分化"的同一时期，全球资本市场还有个显著现象，就是"市面上的钱越来越多，利率越来越低"。一方面，低利率环境会刺激金融资产价格的上涨，拥有更多资产的富人进入"钱生钱"的正循环。另一方面，低利率环境也刺激了金融加杠杆的行为，资产泡沫越来越成为常态，资产泡沫的产生让中间层被吞噬。这一切都继续加剧着财富的分化，让"Missing Middle"的情况更加显著。

电影《大空头》（The big shot）中布拉德皮特饰演的本·瑞科特对他的合伙人说："如果我们这次对次级债的判断是正确的，那意味着很多人将失去住房、失去工作、失去为退休准备的养老金。你知道我为什么如此憎恨投行吗？他们

① Chang-Tai Hsieh, Benjamin A. Olken. The Missing "Missing Middle". The Journal of Economic Perspectives，2014，28（3）.

将活生生的人矮化为金融指标和经济数据！让我告诉你一个数据——美国的失业率上升 1 个百分点，就会有 40 000 人死去，你知道吗？"

很不幸！真的被他言中了，这就是 2008 年的美国次贷危机。而本·瑞科特的原型、知名对冲基金经理迈克尔·伯里（Michael Burry）却依靠着这次操作一战封神。

这次次贷危机引发的全球金融危机最终成为压垮中间层的最后一根稻草。于是，代表中产的轻奢、实用型市场开始走下坡，奢侈和廉价成为消费的两种主流倾向。同时，优质教育、医疗、文化则产生了更高溢价，社区逐步走向"割裂"；科技与经济双重加持的美国加利福尼亚州、纽约、华盛顿特区和退步衰败的铁锈区的对立和张力越来越大。

从次贷危机的价值粉碎到量化宽松的全面放水，从美国大选里的红蓝对抗到膝盖下"黑命贵"运动——美国引以为傲的橄榄型社会中最具张力的中间层正在消失，逐步导致了政治分化、种族割裂、贫富对立。

所以，消失的中间层指的并不仅仅是"中产阶级的消失"，而是全球政治极端化、经济割裂化、劳动力市场、企业增长、消费模式、个体财富，甚至国际、城市竞争等全方位的头部效应和分化加剧。

而 2020 年暴发的新冠肺炎疫情，恰恰助推了数字化和负利率：一是疫情后全球数字化进程提速，互联网科技公司的估值一飞冲天。二是各国为防止萧条，均采取了史无前例的大放水，全球利率水平再下一个台阶——这也是我们在疫情中后期看到的"K型分化"的根本缘由。换言之，这场疫情加速了历史演化的速度，让本已不断加速的全球贫富差距继续加大。

新冠肺炎疫情期间，全球99%的人收入减少，1.6亿人陷入贫困，而全球十大富豪拥有的财富在过去两年翻了一番，从7 000亿美元跃升至1.5万亿美元，是全球最贫穷的31亿人拥有财富总和的6倍。①

联合国秘书长安东尼奥·古特雷斯用了一个残酷却生动的比喻：新型冠状病毒像是一张X光片，它令我们所建立的社会脆弱框架中的裂痕一览无遗。虽然我们都漂浮在同一片海洋上，但很明显，一些人乘坐着超级游艇，而另一些人则紧紧抓住漂浮的残骸。

清晰明了的数据和尖锐生动的比喻，揭露了全球发展面临的残酷现实：不平等与新冠，皆是病毒。

但是，理解了"先富带后富，最终实现共同富裕"的逻辑起点，就能理解企业在当下生存发展的大格局，也是企业反腐败与合规发展的逻辑起点。

---

① 不平等病毒——籍由公平、公正和可持续发展的经济模式，凝聚被新型冠状病毒撕裂的世界．乐施会，2021 - 01 - 23. https：//www.oxfam.org.cn/index.php?c=article&id=4079.

2022 年 1 月，十九届中央纪律检查委员会第六次全会释放了前所未有的信号：着力查处资本无序扩张、平台垄断等背后腐败行为，斩断权力与资本勾连纽带。[①]

"斩断权力与资本勾连纽带"是中央纪委全会公报首次出现的提法。显然，目的是查处资本无序发展期间的腐败行为，而不仅仅只是公权力的寻租问题，就是要给权力和资本设"红线"，在全社会范围内构建新型甲乙方关系。

我国经济已经历四十多年的高速发展，各种结构性问题开始凸显。"711"便利店每周上架十几种全新的气泡水；微信上同时开出七八家社区团购；长视频还没结束，又迎来了短视频的爆发。上述场景真实地发生在 2020 年，以至于《人民日报》都喊话说：

> 下沉社区终端，将线上流量与线下供应链整合，加大优惠补贴力度，用价格优势换流量，用户下单就能等菜上门……在"鹭鸶腿上劈精肉"的生意上发力，或许又是一个互联网通过商业模式创新改变生活的精彩故事。但舆论场上也有许多不同声音，除了对于菜贩群体利益深刻改变的讨论外，也有不少思考指向对大型互联网企业的创新期待。前不久，一些互联网技术公司运用前沿

---

① 中纪委定调今年反腐：着力查处资本无序扩张平台垄断背后腐败. 南方都市报，2022-01-21.

技术破解科技难题，这深刻启示我们：互联网累积的数据和算法，除了流量变现，还有另一种打开方式，即促进科技创新。

如果只顾着低头捡六便士，而不能抬头看月亮、展开赢得长远未来的科技创新，那么再大的流量、再多的数据也难以转变成硬核的科技成果，难以改变我们在核心技术上受制于人的被动局面。①

以前是围绕着存量需求做供给，比别人更努力，更能熬，更敢于"996"，就能比别人活得更久；或者就是去优化供给结构，想办法比别人更有效率。整个市场的氛围是你得向上做技术探索和创新，创造需求增量。

向上做技术探索和创新，尤其是卡脖子攻关，是苦活儿，在前几年，除了华为，别的大公司不太愿意干。

很多人都已经开始认识到，我们亟须转变经济增长模式，需要从投资拉动转向消费和效率驱动，实现"高质量发展"。可用一个简约却不简单的方程式来解释奥秘：

增长率＝投资率×投资资本收益率②

虽然从公式来看，投资率和投资资本收益率都能够促进

---

① "社区团购"争议背后，是对互联网巨头科技创新的更多期待．人民日报，2020-12-11.

② 刘俏．从大到伟大2.0：重塑中国高质量发展的微观基础．北京：机械工业出版社，2018：271.

经济增长，但以政府投资为代表的资本驱动模式已经走入死胡同。从一定意义上讲，当已经进入了人均"万元（美元）"的中产型社会，金融资产规模（货币供给量）的增长过去可以通过固定资产投资形成产业资本，但这条路已经存在"金融脱实向虚""资金在金融体系内自我循环""资本无序扩展"等这样那样的问题。当下，金融业增加值的 GDP 占比提升对固定资本形成影响越来越小。

经济的高质量发展必然要求降低投资率，提高投资资本收益率（Return on Invested Capital，简称 ROIC）。

唯有这样，经济才能实现从数量增长（quantity growth）向质量增长（quality growth）的转变。

提高投资资本收益率，是新时代下经济转型成功的关键。这意味着未来经济增长的动能将来自——经济体本身的创新能力和生产效率的提高。

这也意味着，要把原始创新能力提升摆在更加突出的位置，努力实现更多从 0 到 1 的突破。

掌握着海量数据、先进算法的互联网巨头，或许应当在科技创新上有更多担当，有更多追求，有更多作为。相比较于社区团购中几捆白菜、几斤水果带来的流量，科技创新的星辰大海、未来的无限可能性，更加令人心潮澎湃。

第二节　实体企业：从工业化到城市化，从制造到服务

为什么实体企业的反腐败值得研究？

四十多年间，国家完成了从工业化到城市化的转型。传统企业需要完成数字化转型，互联网企业需要构建线下能力，平台型企业提供公共服务共享利润分配的同时更要接受平台监管……在线上与线下融合、传统与科技结合、盈利属性与服务属性配合的过程中，企业类型的边界越来越模糊。

在新时代、新格局的基层逻辑之下，经济发展逻辑正悄然发生变革，即：由"地产＋基建＋间接融资"的资产负债表扩张向"科创＋内需＋直接融资"的生产性价值创造升级转变；企业形态也逐步发生改变，由大而全转向小而精，由平台集成转向专精特新，由资金驱动转向科技与数据驱动。

越来越多的市场化力量也开始选择去做难而正确的事——百度做芯片了，阿里做芯片了，腾讯、字节和美团也都开始自研或者投资芯片了。

产业链条代际升级，客户需求代际更迭，加之人工智能、大数据、区块链等科技手段投入，推进着服务流程和获客渠道优化，生产性服务、电商平台、物流、贸易流通和金融机构互相融合，不断满足着千人千面的需求。一批企业在特色

工业化和城市化早期，我国投入大量基建项目，改善了居民生活环境，激发了市场活力，但同时也让市场经济的参与者形成了靠提升投资率来提升增长率的思维惯性。

随着时间的推移，高负债率暗示着之前的小小隐患已发展壮大，变得不容忽视。2020 年疫情以后，之前淹没在平静水面之下的问题一一暴露出来：房地产泡沫浮现，人口红利消失，原材料价格上涨。过度依赖投资的实体经济面临着严峻的考验，亟待找到新的突破模式。

因此，本书研究的实体企业一般有几个特点：一是立足于自身的传统业务模式，在稳扎稳打中不断创新，谋求更好的发展；二是具有数字技术能力，通过技术的创新为上下游企业提供完整的解决方案，以提升实体企业的核心竞争力；三是能够以品牌优势带动产业集群的高质量发展；四是以市场规模优势促进产业间的融合，推动经济发展，创造社会价值。

于是我们按照这四个标准，试图从立足实体不断创新、拥有数字技术能力、带动产业集群发展、促进产业融合四个方面，选择可供研究的典型代表。

从所有制性质上看，2021 年中国企业 500 强中民营企业的数量显著增加。长期以来，虽然中国企业 500 强中民营企业在数量上都少于国有企业，但总体保持着增长趋势。"2021中国企业 500 强中，民营企业数量为 249 家，比上年 500 强快速增加了 13 家，民营企业与国有企业在数量上的差距显著缩小。国有企业为 251 家，仅比民营企业多了 2 家。"①

在资本监管方面，中央企业、国有企业有国资委、地方国资委监督管理，其合规建设有政府文件和国资系统做统一筹划；在反腐体制方面，公有经济体有中央纪委国家监委和地方纪委、监委以及企业内设纪检监察组、纪委做党风廉政建设和反腐败工作；在国家立法层面，有《中华人民共和国监察法》《中华人民共和国监察法实施条例》和《中华人民共和国刑法》对于"职务行为廉洁性"的法益的高度保护，在党内法规方面，有严密严肃的党内纪律规章约束和对公权力腐败问题的查处和对不正之风的惩戒。相对而言，非公经济体在廉洁与合规建设方面具有较大的"非标性"与"不确定性"。

在高速增长转向高质量发展的新发展阶段，研究民营企业的反腐与合规建设，对于正在上升的民营企业具有极高的价值。

过去五年，甚至过去十年到现在，本质上好的创业机会还是很多。中国移动、工商银行、腾讯、阿里等已经是全球同行业内最大规模的企业，这样的情形将会在许多服务领域出现：电子商务、游戏、旅行预订、服装、餐饮……从基本

---

① 刘兴国 . 2021 中国企业 500 强分析报告 . 中国经济报告，2021 (5).

的衣、食、住、行到进一步的消费升级。创业如果能够覆盖最基础的消费，就能赢得市场空间。因此，创业者在选择创业赛道时，始终考虑尽量把两件事纳入思考范围，做顺水推舟人、做容易发力的事。

本书的案例选择也将贴近民生的衣食住行以及相关行业，而且这些案例中，企业在消费升级方面进行了有益的创新，并将反腐及合规建设纳入了企业发展的必要环节。

第三节 "熟了"就意味着廉洁、规范和责任

舞弊与腐败作为组织之癌并不是哪个地区或者国家所特有的现象。全球注册舞弊审查师协会（Association of Certified Fraud Examiners，ACFE）分析过去全球 133 个国家的 2 110个案例，发布了《2022 年职务舞弊：全球报告》。该报告显示，舞弊为包括政府和企业在内的各类组织带来的经济损失约为全年总收入的 5%，每起案件的损失中值为 117 000 美元，每起案件的平均损失为 1 783 000 美元。①

同时，该机构研究还发现职务舞弊大都集中在这四个部门：运营部门（占比 15%）、财务部门（占比 12%）、行政领

---

① 2022 年职务舞弊：全球报告. http：//www.acfe.com。

导/高层管理者（占比 11％）、销售部门（占比 11％）。[①]

而在亚太地区，最常见的职务舞弊手段就是腐败占比高达 57％。[②]

腐败行为的盛行，其原因深刻复杂，涉及政治、经济、社会、文化、心理等多个层面。送礼成为普遍接受的商业惯例，势必导致商业贿赂行为客观上被默许和纵容，况且商业贿赂兼具人情往来的情感性价值和利用帮忙的工具性价值。

收送礼品礼金在市场经济发展早期，一定意义上拉近了人际关系，提升了信息在一定程度上的公开度，降低了甲乙双方的信任成本。可这一切都随着国家治理体系和治理能力变化而发生着改变。

中国在经济、政治和社会环境上的很多变化恰恰证明了这一点，如果从前几年的金融去杠杆、平台严监管可见一斑的话，近期的医疗集采、娱乐圈整顿、国潮兴起已赫然在目。

不论是政府还是社会，不论治理者还是企业法人，越来越多的人感受到上不封顶、下不兜底的持续反腐的压力和正风肃纪对社会风气和商业观念扭转的推力。企业"恣意生长"的原则需要改变，任由曾经的潜规则生长下去，将反噬和绑

---

① 2022 年职务舞弊：全球报告．http：//www.acfe.com。
② 2022 年职务舞弊：全球报告．http：//www.acfe.com。

架社会发展本身。"规范"和"责任"也成为当下经济转型与发展的底层逻辑——金融去杠杆、资本市场严监管、平台反垄断……几乎都是这一底层逻辑的具体表现。

严是因为成熟了。

可能每个人小时候都有这样经历：两岁时候打翻了饭碗，自己兴许还被吓得涕泪横流，此时父母投来慈爱的目光，摸摸头说："没事没事，宝宝乖"；十二岁时候打翻饭碗，此时父母定会厉声道："你看你，慌什么慌！多大了还要把碗打碎"；等到二三十岁再打翻饭碗，可能会被质疑："哎，饭碗可要保住啊！"

可见，对同一种行为，在生长发育的不同年龄阶段，要求是不一样的，小时候打翻饭碗可以被容忍，长大了就要被惩罚。

2019年年底，在中国科学院"中国风险投资之父"成思危老先生亲手创办的经济与管理学院，某个在中国证券行业摸爬滚打数十载的老师，给金融MBA班的学生讲授一门名叫投资银行实务的课程，说到康美药业，几次动容，自嘲中带着讥讽："我看不懂，这样的公司，为什么不罚他个倾家荡产？罚他个身陷囹圄？"

两年后的2021年，康美药业与康得新这"二康"因造假事件被严惩，法院支持投资者集体诉讼。

这些看上去像是突然爆发的事件，其实并不是凭空而来的，它们背后有一个共同的底层驱动力，有学者把这种表象称为"熟经济症状"。

中央党校的郭强教授对此给出了较为生动的总结。2021年，中国经济进入典型的"熟经济"状态——外人看到风韵，自己感到焦虑。

原北大金融系唐涯副教授在她 2022 年新作《熟经济》[①]一书中则对如今的经济特征作出更加精辟的总结：第一，它不老不嫩，财富状态还可以，但是还有很大的增长空间。第二，虽然增速放缓，但一直都在缓缓增长。第三，中国人口年龄的中位数是 38.8 岁，多个城市的行业和企业，都进入了"不惑之年"。

除此之外，熟经济时代，还有两个主旋律：规范和责任。

总结起来说，我们的野蛮生长的时代已经彻底结束了。

其实，这个不能再任性的拐点早就来了。

这也意味着，一些关于资本、互联网经济、政商关系、甲乙方关系、企业责任的"传说"将会愈来愈多地回归"常识"，然后放在这个"不能再任性"的新的逻辑下来重新理解。

"公司是股东的，也是社会的"变为"公司是股东的，更是社会的"，从股东叙事到社会叙事的变化逻辑，是对公司存

---

① 熟经济：香帅财富报告．北京：新星出版社，2022.

在价值与合理性的更高要求：

企业作为具有人格的经济主体、法律主体和社会主体，要担起反腐败和合规的责任，这也是"成年人"的社会和经济责任。反腐败与合规的概念也需要在新的语境和叙事逻辑之下加以诠释。

对于企业反腐败与合规建设的含义，法学界和实务界向来有不同的理解，也反映出本身这一概念的时代性特征，发展到合规已经逐步变为：廉洁是企业生存的基础能力，合规是企业健康发展的必要前提。

毕竟，任性的机会成本将越来越高。

毕竟，贪腐的荼毒代价将越来越大。

从合规角度看，这种变化反映出企业合规的内涵并不是单一的，而是具有了多重含义。有人认为，合规就是企业合规；但也有人认为，企业合规与企业高管的法律责任具有密切的联系：有人指出，企业合规就是企业对其法律风险的防范和规避；但也有人指出，合规并不是一般意义上的风险防控，而主要是对行政处罚风险和刑事法律风险的防控。

实践中企业合规其实具有三个方面的基本含义。

一是从积极的层面来看，企业合规是指企业在经营过程中要遵守法律和遵循规则，并督促员工、第三方以及其他商业合作伙伴依法依规进行经营活动。

二是从消极的层面来看，企业合规是指企业为避免或减轻因违法违规经营而可能受到的行政责任、刑事责任，避免受到更大的经济或其他损失，而采取的一种公司治理方式。

三是从外部激励机制来看，为鼓励企业积极建立或者改进合规计划，国家法律需要将企业合规作为宽大行政处理和宽大刑事处理的重要依据，使得企业可以通过建立合规计划而受到一定程度的法律奖励。

从反腐败角度看，近年来随着市场经济的纵深发展和竞争加剧，商业贿赂在一些行业和领域不断滋生泛滥。商业贿赂行为妨害公平竞争，扰乱市场秩序，恶化投资环境，助长不正之风，必须要严厉打击，而且治理商业贿赂也是深化反腐败斗争的重要内容。从源头上防治商业贿赂，鼓励企业加强反商业贿赂的自查自纠，成为商业贿赂治理的必要举措。

商业贿赂是一种经济犯罪行为，也是一种职务舞弊行为。我国对商业贿赂的立法工作是伴随着商业贿赂治理逐步完善的。2007年中央治理商业贿赂领导小组发布了《关于在治理商业贿赂专项工作中正确把握政策界限的意见》，将商业贿赂界定为在商业活动中违反公平竞争原则，采用给予、收受财物或者其他利益等手段，以提供或获取交易机会或者其他经济利益的行为。2017年修订的《反不正当竞争法》规定，经营者不得采用财物或者其他手段贿赂交易相对方的工作人员、受交易相对方委托办理相关事务的单位或者个人、利用职权或者影响力影响交易的单位或者个人，以谋取交易机会或者竞争优势。这一规定进一步明确了商业贿赂的对象和目的，更体现了商业贿赂区别于一般贿赂的商业属性。《反不正当竞争法》还规定，经营者的工作人员进行贿赂的应当认定为经营者的行为，但是经营者有证据证明该工作人员的行为与为经营者谋取交易机会或者竞争优势无关的除外。这在经营者对员工个人行为的抗辩以及加强反商业贿赂的内部合规建设方面起到了积极引导作用。

从内控角度看，内审与内控因其信息优势更易发现公司贿赂行为，成为企业进行商业贿赂自我治理的第一道防火墙。内部审计通过审查和评价组织的业务活动、内部控制和风险管理的适当性和有效性，以促进组织完善治理、增加价值和实现目标。商业贿赂的违法性质会造成组织的法律风险、经济成本和声誉损失，从而妨害组织的价值增长目标，因此对商业贿赂予以防范监督是内部审计及内部控制的应尽职责。

企业合规机制的建立，在传统公司治理结构中引入了一种专门的风险防控机制。通过在董事会之下设立合规委员会，在管理层面设立首席合规官，在公司总部设置专门的合规管理部门，并在公司各个部门以及分支机构设立合规分支部门或合规人员，实现了自上而下的合规管理体系。

通过建立合规管理体系，企业建立了商业行为规范，为员工确立了行为准则，并建立了合规风险防范体系、风险识别体系和违规行为应对体系。通过对企业和员工经营行为的及时监控和处置，企业实现了自我监管、自我报告、自我披露和自我整改，可以实现对违法违规行为的有效预防、及时监控，对制度上的漏洞和缺陷进行及时的堵塞和修补。在一定程度上，企业合规发挥了补充政府监管、防范企业及其员工出现违法行为的效果。

从历史的角度看，企业合规是针对企业出现的违法违规行为而确立的一种公司治理方式。传统的公司治理，主要通过调整企业所有权和经营权之间的关系所建立的治理制度安排。其中，由全体股东选举产生的董事会，主要行使企业的决策权和监督权；由董事会遴选产生的高级管理层，主要行使企业经营权和执行权。企业为强化对财务工作的监管，还有可能设立具有相对独立地位的审计部门，甚至设立直接隶属于董事会的审计委员会。但总体而言，这种传统的公司治理结构缺乏一种独立的法律风险防控机制。最初，企业合规属于一种由企业和行业协会推行的内部治理方式。后来，随着政府监管力度的加强，企业合规从原来的依法依规经营，变成了在行政监管激励和刑事惩戒下的企业治理方式。在诸多国际组织的推动下，企业合规还逐渐成为一种新的国际公司治理方式，不仅为一些国际公约所确立，而且还成为国际组织督促企业改变经营方式的执法激励机制。因此，企业合规不仅仅具有企业依法依规经营的含义，还是企业自我治理、自我监管和自我整改的治理方式，更是一种在企业陷入执法调查时获得宽大处理的激励机制。

第四节　企业不会成为你需要的样子，他只会成为你的样子

对于一个中年人来说，通过几十年的成长，已经累积了一定体量的财富和经验值，但内在的增长冲动已不复当年。他可能更加理性，对"继续生长"不再狂热，在承担"上有老下有小"的义务之时，开始考虑面对衰老、死亡和传承延续等终极问题。

接受自己不再年轻，是一个痛苦的过程：不仅要面对外界完全不一样的要求和评价体系，更要面对在外人看来风韵饱满，实则内心彷徨焦虑的双面情绪体验。

这种复杂而纠结的双重标准也体现在个别创始人对待腐败的态度上。

尽管腐败的手段多种多样，但通过对企业发生的商业贿赂行为仔细研究归纳，基本上可以分为两类：一类是为了谋取企业利益授意或默许组织成员行贿，另一类是组织成员为了个人利益受贿。

矛盾的是：个别企业家通常默许甚至容忍前者，被描绘为"能量大"；而后者通常被严厉打击，被讥讽为"挖墙脚"。

本质上这两者都是资源和金钱的交易关系，为何前者可

以被功利主义包容，而后者被企业道德审判？

　　因为，前者创业者的态度模糊，认为企业这样做的潜在认识是行贿可以使企业获利。[①] 的确，在一个"发展是硬道理"的年代，商业行贿可能短期内能帮助企业克服非效率的制度缺陷，促进企业短期获益。

　　普华永道通过调研，发布了《2020年全球经济犯罪调查中国报告》，通过对能源、工业和制造业、科技、汽车等十余个行业进行调查研究最后发现，内部人员以及内外勾结的经济犯罪案件占比超过80%（参见图1-1）。

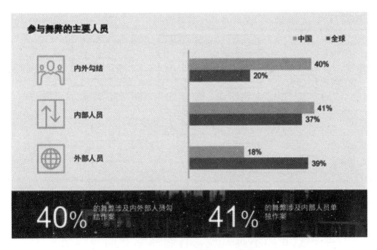

图1-1　参与舞弊的人员构成

数据来源：普华永道《2020年全球经济犯罪调查中国报告》

---

　　① 李成言. 商业贿赂的性质、成因及治理策略. 廉政文化研究，2010（2）.

另外，根据普华永道的调查报告，42％的企业经济犯罪案件造成超过 100 万美元的损失，而这一比例在全球企业经济犯罪案件中只占 26％。

从商业贿赂行为构成的三个要件，行贿者、受贿者和贿赂财物分析这个"中外差异"，按照排列组合的原理我们不难发现，贿赂行为的直接实施者必然是个人，但贿赂行为所代表的利益方可以是个人也可以是组织，贿赂财物的实际承担者也可以区分为组织和个人两种情形。这样，贿赂行为的要素组合就产生了如下图所示的不同情境。

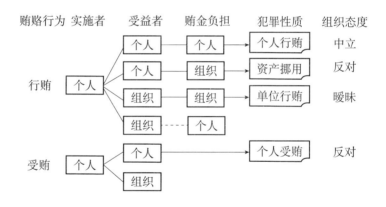

图 1－2　贿赂行为的要素组合

仔细观察我们不难发现，行贿通常有四类情形：为了个人利益个人出钱行贿；为了个人利益用组织的钱行贿；为了组织利益用组织的钱行贿；为了组织利益个人出钱行贿。

传统观点认为：第一种情形属于个人行贿，一般不会危害到组织利益，组织也就不太关心。第二种情形从犯罪实质上看是个人挪用组织资产，为职务侵占，不属于贿赂犯罪范畴。第四种情形在司法实践中是将经营者的工作人员贿赂默认为经营者贿赂。

所以既属于贿赂范畴又牵涉组织利益的只有第三种情形。在此情形下，个人既然是代表组织利益，又可以支配组织的财物去行贿，显然应该是得到比他职级更高的组织管理人员的授意或者默许。但由于贿赂的非法性，组织的态度就可能暧昧模糊。如果个人行贿未被曝光且组织受益，组织就不会反对甚至可能对个人予以奖励。但是如果个人行贿被曝光，组织面临法律和声誉风险，组织就可能宣称行贿是员工个人行为而组织并不知情以图脱罪。在受贿情境下，个人或组织作为接受贿赂的一方，是不知道或者不关心贿赂财物来源的。此时，如果组织成员个人有受贿的机会往往是因为组织赋予个人的权力。个人收受贿赂一般不会使组织受益，而只会为了个人得益损害组织利益。因此组织对组织成员的受贿行为是坚决反对的。

但是以少数创始人为代表，以企业自身短期利益最大化为视角，不论是否对贿赂行为持否定态度，有"三个定量"的特征不会改变，即：腐败经济成本的承担者不会改变、腐败行为的犯罪性质不会改变、腐败代价的承担者是本人不会改变。

事实上多数创始人也感到，他们容忍商业贿赂的情绪是复杂而割裂的，即便其明知，从长期来看，图1-2中的行为对企业的影响均是负面的。

首先，商业贿赂导致交易成本的不可预测性，增加了公司的经营风险，通过非法渠道获得的隐形利润的同时付出的溢出成本无法通过正常渠道摊销费用，计入成本，在账务处理、税务缴纳、监管检查、外部审计等诸多第三方审查的情况下，总让人感到"不踏实"。

其次，贿赂行为违背道德和法律，可能在经济和声誉上重创企业。一旦创始人自身涉嫌犯罪或因为行贿对象接受调查，公司经营和盈利模式的合法性将会受到质疑，在反噬股价的同时极大地降低了公司的市场公信力。

然后，当企业使用商业贿赂手段达成利益目标时，丧失了通过技术创新打造核心竞争力的动力，特别是容易使企业将这种非标能力自我合理化，陷入一种过度依赖"关系"的盲目自信局面，影响企业长期竞争优势。

更严重的是，公司及其创始团队对有利的行贿行为采取容忍态度，释放了低道德标准的信号，可能要承受内部员工受贿的后果，内部腐败必然对公司成长造成负面影响。

创始人们应该已经注意到：很难既从腐败行为中获益，又要求内外员工保持纯洁。自身在原始积累时的行为终将为企业的行稳致远埋下祸根，企业和继任者也最终会为旧账买单。

如果不加治理，企业作为法人组织曾经通过行贿获得的好处，将会被企业作为社群组织内部与外部的腐败行为吞噬。

2021 年 12 月 7 日，胡润研究院发布《2021 中国高净值人群财富风险管理白皮书》。白皮书显示，在企业经营方面，受全球疫情等影响，对于过去三年中的企业经营状况，仅有 17% 的企业家表示满意。随着改革开放后第一代企业的发展壮大，有 29% 的企业家已在考虑企业向下一代的传承风险。

这样的传承风险不仅仅是有在形财富层面，更是财富获得合法性和企业发展永续性的深刻忧虑。

这不可能归咎于大环境。从 2012 年，中国基本完成工业化到 2020 年完成全面建成小康社会这"第一个百年"奋斗目标开始，中国经济逐渐进入"中年期"，而有学者认为这个成年的时间点应该从 2017 年党的十九大之后开始算。第一代创业者已经人过"中年"，公司和企业都已经在惯性跑道和固有舒适区奔跑数十载。

不仅仅是企业家，整个中国社会都在面临这个问题。毕竟数据不会骗人：2021 年，中国的人口年龄中位数达到 38.8 岁，多个城市，多个行业和企业，都面临着不惑之年的"中年危机"①。

传统意义上的严厉打击商业贿赂行为主要源于政府部门

---

① 熟经济：香帅财富报告．北京：新星出版社，2022：6.

和监管机构的强制推动；而在企业进入成熟期，越来越多的企业家开始积极主动地进行反商业贿赂调查和内控合规建设。

正是在这样的背景下，2017 年 2 月，由京东、腾讯、百度、沃尔玛中国、宝洁、联想、美的、小米、美团、唯品会、李宁等知名企业以及中国人民大学刑事法律科学研究中心共同发起倡议，共同打造"阳光诚信联盟"品牌，积极倡导企业诚信经营，营造阳光、诚信的职场氛围，推广廉洁与合规的文化，共同营造阳光、透明的商业环境。截至 2021 年 12 月 31 日，阳光诚信联盟已服务超过 650 家企业，其中不仅包括以腾讯、百度、美团、字节跳动等为代表的互联网行业企业，也包括以京东、唯品会、永辉超市等为代表的零售行业企业，以及以三一集团、东方希望集团、美的集团、TCL 等为代表的制造行业企业。

这个成熟拐点的出现和发展向我们揭示：不安于小成，才足成大器；不诱于小利，才可立远功。

第五节　反腐的成本

与全面从严治党、国家监察治理国家机关工作人员的职务违规、违纪、涉嫌职务违法犯罪具有天然合法性、正当性、应然性不同，以民营经济、混合所有制经济为主体的实体企业，企业腐败和舞弊的内部审计、监察稽核、内部调查部门比起大多数利润创造部门来说，自我存在的合理性就没有那么必然，似乎天生就不受爹妈待见。

没有研发部门企业无法创新，没有生产部门企业无法制造，没有销售部门企业无法获利，没有财务部门企业无法参与经济活动，没有行政、人力资源部门企业无法润滑运行……

没有审监部门，企业似乎没啥不行——可能个别企业还挺坦然：因为没发现有腐败、舞弊现象啊！多招人，多费钱！

这个看似"生病吃药"正常的逻辑有个严重悖论：

腐败与舞弊，不查就没有。腐败是个结果，而不是原因；腐败不是病，而是癌，等查到了基本是晚期——在违反内部规章与职务违法犯罪中间，本应该有个介于违规和犯罪的宽阔地带，留给企业反腐部门去治"未病"，但现实中等到创始人感知，再花成本去查处，基本足以达到涉嫌犯罪的追溯标准。

2022 年 ACFE 全球舞弊调查报告显示，舞弊持续时间的中位值，即舞弊开始和被发现之间通常会间隔 12 个月，而且，舞弊未被发现的时间越长，损失就越大。

腐败与舞弊现象从发生到发现的滞后性恰恰是反腐部门存在必要性的"障眼法"。

当然，承认逻辑的同时也需要考虑成本，反腐败与反舞弊需要多少投入？耗费多少资源？一言以蔽之：反不反得起？

《令人心动的 offer 第二季》第 4 期调查取证项目脱胎于企业内部调查的现实案例。

该期节目从观众角度来看是律师实习生如何化身福尔摩斯抽丝剥茧来破案，但如果从专业角度来看，我们试图从已经极端简化的案情中剖析这样一封举报信的调查要耗费的成本。

案情是某公司收到一封邮件举报信，举报该公司行政总监张某在线下面试结束后给举报人打电话承诺录取，并以此为由索取好处，需要调查被举报人张某是否存在索贿行为。

这封举报信的内容如下：

主题——举报××影视传播有限公司行政总监张某受贿

您好！我是曾经参与××传媒某保密后期项目面试的求职者之一。在参加完最后一轮线下面试之后，张某先生用 135×××××××× 的电话联系我，对我进行了索贿，并承诺，如果我听从指示，则会录取我，还会帮助我落户上海。

他要求我购买位于上海市××附近的××酒庄的定额红酒礼品卡 5 张，于 6 月 24 日下午送至××××××，并要求我添加了他的微信（微信号为××××××××），我按照他的指示去了××××，花费人民币两万元购买了5张红酒礼品卡，每张定额4 000元，并将礼品卡包装于一个信封当中，于下午15时30分送到了张某先生所在的×××××门外墙上的牛奶箱里。然而，我却于7月3日收到了来自贵公司的面试未通过的通知信息。我马上通过微信联系张某，他敷衍几句后便拉黑了我，并且拒绝我的致电。我在贵公司网站与社交账号上并不能查询到张×的电话。至此，我失去了联系张某先生的全部渠道。

在发现被张某欺骗后，我前往××调取了购买礼品卡的消费流水记录。在前几日我拿到记录之后，我发现这几张卡张某先生进行了消费，且用135×××××××的手机号码进行了积分。

对于张某这种行为，我感到无助和愤怒！我保留了部分证据，请贵司查处张某违法犯罪的恶劣行为，并且归还我购买礼品卡的2万元整。

案件资料中提到被举报人张×打电话让举报人到指定酒庄购买价值2万元的红酒礼品卡送至指定地点。

从专业角度，这封举报信已经是举报信中的"战斗信"了：其一，实名举报，能够联系上举报人；其二，构成要素比较齐全，嫌疑对象行为、结果、身份、金额等一应俱全；其三，竟然举报人自行取证，保留了部分证据，并交付了具备可查性的线索。

这样的举报信的质量在真实调查场景，几乎罕见。

节目组直接给出的要求是调查是否存在"索贿行为"，而不是查清张某是否存在涉嫌犯罪的行为，再次降低了调查难度；不牵涉处置、不牵涉移送、不牵涉后期一系列复杂司法过程。

即便如此，实习律师们先后到案件公司、酒庄、收礼地址、被举报人现居住地进行现场调查取证。同时，访谈公司法务、项目负责人、同期聘用人员、酒庄老板、邻居、被举报人前妻等等相关人员，进行细致繁杂的外围调查和线索排查。反腐败与舞弊是一项专业性、保密性极强的高压力工作。

初步统计了这个案件耗费的时间和人力成本：

节目显示至少有 5 个人负责一个案件调查，行动分 3 组，2 人内审谈话，2 人外围调查，1 人统筹证据材料沟通协调。5 人同时开展完成上述工作，那么从形成证据材料到完成调查报告，在第三方人证、物证收集完全顺利的情况下，保守估计至少需要 5 个工作日。

按照调查双人进行的证据收集原则，理论上转换到现实公司调查，为 2 个人 10 天的工作量买单，其领导可以兼任其他部门领导，企业至少应该付出 2.5 人的人力成本。然而这 2.5 人仅仅是案件调查的最低配置。

反腐败要有壮士断腕的决心和勇气。

根据主流招聘网站统计显示，调查人员的薪酬与背景要求通常如下：

有两年以上公、检、法、纪背景为最佳；

拥有事务所审计、法律工作经验次之；

拥有企业调查经验再次；

房地产、金融、IT 等领域又有专业性限制；

最好具备法律职业，审计或财务等职业资格。

以上条件具备人员通常年度薪酬包的中位数是 25 万到 30 万元。按照这样的逻辑计算，企业为此付出的固定成本：

固定成本＝（25 万元～30 万元）＊2.5＝62.5 万元～75 万元/年

根据 ACFE2022 年的研究报告，平均一起案件造成的经济损失的中位值是 11.7 万美元，平均数是 178.3 万美元。

这样算来，以最低配置两人，每人每年绩效为发现并阻止 1 起案件为标准，企业便是盈利的。投入产出比以损失中位数计算便接近抑或超过 100%。

企业反腐是个开始就不晚的决策。

除了内部配置企业反腐机构，反腐败与反舞弊这一赛道中实体企业也产生了不少新的反腐体制机制。

以阳光诚信联盟为代表的廉洁合规品牌，以中国人民大学刑事法律科学研究中心、清华大学廉政与治理中心、华东政法大学互联网企业反腐败与合规研究院为代表的学术智库机构，以美亚亿安为代表的第三方电子数据取证公司，以甫瀚咨询为代表的第三方合规咨询公司，与企业内部反腐败与反舞弊机构一道发挥着非常重要的价值，让企业反腐败与反舞弊不再孤军奋战，形成了反腐败的"第三种治理模式"。

第二章 反腐也需要兵法

《孙子兵法》认为，"战势不过奇正"，要求"以正合，以奇胜"，即以正兵迎战，以奇取胜。这一谋略原则几千年来一直被兵家视为制胜的妙招，同样也在商业竞争中屡试不爽。

那么，何为"正"，何为"奇"呢？一般来说，符合常规的为正，超出常规的为奇。对于实体企业发展来说，产能增长、效益提升、市场扩张是"正"，强力反腐、强化约束、纠偏正向就是"奇"。

"奇""正"并不是截然对立的，奇正理论的精髓是"奇正相生"，即以奇为正、以正为奇，变化无穷，方可制胜。企业的生产和反腐只有"正""奇"相互配合、相得益彰才能促进企业更好发展。

2020 年三只松鼠食品股份有限公司（以下简称"三只松鼠"）前总监蒋某盗卖公司废纸箱一案一经曝光便引起了社会

公众的极大关注，犯罪嫌疑人的高级职务级别和低级犯罪动机的强烈反差让不少人感到既匪夷所思，又啼笑皆非。

法院经审理查明，2018 年 10 月至 2020 年 4 月间，被告人蒋某利用职务上的便利，伙同被告人童某某采取销售不入账或调整过磅表等方式，将三只松鼠出售废旧纸箱的人民币 684 000 元占为己有。

综合其他犯罪事实，最终，法院判决，被告人蒋某犯非国家工作人员受贿罪，判处有期徒刑 1 年 2 个月，并处罚金人民币 50 000 元；犯职务侵占罪，判处有期徒刑 11 个月，并处罚金人民币 50 000 元。决定执行有期徒刑 1 年 10 个月，并处罚金人民币 100 000 元。被告人童某某犯职务侵占罪，判处有期徒刑 1 年，宣告缓刑 2 年，并处罚金人民币 50 000 元。

社会公众在为蒋某等锒铛入狱扼腕叹息之时，也为三只松鼠的雷霆反腐手段拍手称快。商业腐败具有高度隐蔽性，没有公司的及时揭短亮丑，这些内部"蛀虫"的嚣张气焰很可能还会持续更长时间。

腐败是社会进步的毒瘤，更是企业发展的附骨之疽。腐败滋生不仅会使企业蒙受巨大的经济损失，也会损害企业的品牌信誉、社会信用、公众形象。经营管理的廉洁是发展之必需，也是健康企业文化的标配。

一直以来，对反腐败话题的探讨，基本集中在公共权力部门和公职人员，然而，随着科技的进步和经济发展方式的转变，以民营企业为代表的非公经济主体快速扩张，其影响力在经济社会中呈现出上升的趋势。在反腐倡廉已成为基本语境的当下，反腐的战场不只在各级政府机关、事业单位以及国企，实体企业诸如华为、中兴、宁德时代等企业巨头的内部腐败亦成为人们关注的热点。

站在国家反腐的大系统中审视，企业更不能置身事外。党的十八大以来，国有企业的反腐成效显著，为实体企业反腐提供了有益的借鉴。在数字经济和传统业务深度融合的过程中发展壮大的实体企业，是新技术、新产业、新业态、新模式创新发展的重要引擎，更何况，一些具有带头作用的标杆企业已经上市，代表的是公众利益，已不是一家之私，其长远发展更需要清朗的环境和健康的肌体。

"避实击虚"是《孙子兵法》用兵作战的基本原则，作战中的虚实变化处于不断运动过程中，需要制定出相应的应变措施，于是便产生了"因敌制胜"的作战原则。行军打仗既要讲究常法，也要讲究变法。同样，实体企业反腐既有企业反腐的一般规律，也有自身反腐的特殊方法。在中华民族数千年优秀传统文化孕育下的兵学文化，对于实体企业反腐具有很强的借鉴意义。

实体企业是国民经济活动的重要参与者，也是腐败频发的重灾区。企业腐败与重点部门、重点环节、重点人员有着密切的关系。

"知己知彼，百战不殆"，只有找到实体企业腐败的规律，才能让企业内部的审计、监察、纪检、合规、内控工作人员，能够有的放矢地把有限的监督资源和监督人力，用于监督最需要监督的业务领域和最应该被监督的岗位，"未病先防、既病防变、病愈防复"，并逐步掌握其发生的规律，构建"不敢腐、不能腐、不想腐"的有效机制，让腐败无所遁形。

第一节　三道防线："不可胜者，守也"

《孙子兵法》云："不可胜者，守也。"意思是作战一方不被对方战胜主要是做好了防守。守住底线、稳定后方，才能使堡垒越来越坚强，不至于被敌人轻易攻破。

很多时候，一家企业不是被对手击败的，而是被内部问题缠绕导致左支右绌、难以应付，最终走向"死亡"，因为堡垒最容易从内部被攻破。

"物必先腐而后虫生。"人们有时候不禁会感慨：外贼易挡，家贼难防！外贼在明处，容易引起警觉，家贼在暗处，隐蔽伪装而且熟知内情，不可不防！企业的腐败问题表面上是内部员工与外部人员共同"合谋"，根本上是内部出现了侵蚀企业肌体的蛀虫。

其实，实体企业的反腐相比以前显得更有系统，企业主动反腐事件也走进大众的视野，国内不少实体企业早就意识到了腐败的严重性，并且为了遏制腐败不遗余力。

早在 2005 年，华为高层通过《EMT 自律宣言》，并通过制度化宣誓方式要求所有干部杜绝内部腐败。2013 年 1 月，华为高调地召开"董事会自律宣言宣誓大会"。2014 年 9 月初，华为首次召开企业业务的经销商反腐大会，通告最近的反腐情况，并与经销商共同商讨反腐的制度建设。通告称截至 8 月 16 日，已查实内部有 116 名员工涉嫌腐败，涉及 69 家经销商，其中 4 名员工已被移交司法处理。①

华为内部人士以"历任、多人、多家、团伙"来形容华为反腐形势的严峻。华为此次反腐活动涉及面之广、程度之深前所未有，用华为的话说是"有必查、查必彻"。

专家分析认为，华为一直重视反腐，作为有十几万人的大企业，华为需要不断完善管理。终端业务、企业业务作为华为的新兴业务，发展很快，也出现很多新问题。如何既管好，又有灵活性，对华为来说是一个重大挑战！

实际上，许多像华为一样的优秀企业早已先知先觉并开始密织内部风险管理控制的大网，为了让腐败的"蠹虫"被反腐的滤网阻隔，他们开始仿照企业风险管理的"三道防线"，建立起了反腐的"三道防线"。即企业的业务部门作为前端部门是风险管理的第一道防线；企业风险管理职能机构

---

① 华为查实 116 员工涉腐败. 第一财经日报，2014 - 09 - 09.

作为风险管理的第二道防线；企业的内部审计监察职能机构作为风险管理的第三道防线。

三道防线在企业反腐治理体系中分别承担了不同的责任，在事前、事中、事后三个环节对腐败风险进行有效的管控。

第一道防线由业务部门承担，直接面对腐败风险。业务部门直接参与公司业务，也直接置身于风险之中，相较于其他部门来说，业务部门对于业务流程中各个环节的"灰色地带"最为了解，对常见的腐败方式、手段也最为清楚。这也就意味着：业务部门对"异常情况"最为敏感，员工的行为异常、合同的执行异常、业务数据的报表异常等，都是业务部门最容易发现的。所以，在第一道防线中，业务部门承担了识别、上报疑似腐败事件与基础的腐败风险管理职责。

第二道防线由风险管理部门承担，通过专业的风险防控设计和流程优化进行事中的防控。风险管理部门一般在公司内部具有独立性，不参与公司的经营，而是对业务部门的事前防控工作进行指导与管理。例如指导业务部门对业务流程和审批流程进行拆分，也就是将大权力拆解成小权力，减少权力集中引发的腐败风险。甚至已经有公司的风险管理部门将科技手段和大数据应用到第二道防线，通过设计风险识别模型，24小时不间断识别异常数据，补齐第一道防线中人力所不及的部分。

第三道防线由审计部门和监察部门承担，通过审计和案件调查处置实现风险管理的闭环。审计和监察部门必须保持独立性，直接向董事会或最高管理人员汇报，并承担监督职能。第三道防线是公司反腐败制度的制定者，是公司反腐败管理体系的搭建者，也是腐败案件调查与处置工作的承担者，需要为整体的反腐败工作负责，所有未被第一道防线和第二道防线防控住的腐败事件由第三道防线进行事后处置。

《孙子兵法》"计篇"中指出："夫未战而庙算胜者，得算多也；未战而庙算不胜者，得算少也。多算胜，少算不胜，而况于无算乎！"[①] 在感知风险的基础之上，通过严谨细致的"庙算"，能够使经营管理者对风险的认知更加清晰准确，实体企业存在着较大的腐败风险，经营过程中必须保持清醒头脑，在顶层设计上推进反腐制度化建设。

没有任何一个企业是在无风险的环境下运营的，企业应当在充分感知和计算以后做好一系列有针对性的防守工作，正所谓："守而必固者，守其所必攻也"[②]，但是并不是强调单纯防守，而是要积极采取措施，牢牢把握主动权，达到"致人而不致于人"的效果。企业的内部控制与风险管理体系提供了识别和评估风险的程序，增强了风险应对决策能力，减少了经营中的意外和损失，能够对于多种风险提供综合的应

---

① 孙子兵法．陈曦，译注．北京：中华书局，2019：16.
② 孙子兵法．陈曦，译注．北京：中华书局，2019：95.

对措施，做到风险可控。

我们应该看到企业管理体系存在的局限性，如风险管理体系设计不合理就会导致控制失灵，风险得不到有效防范。以"三道防线"思想为指导，将风控体系的牵头建设职能与独立评价职能分离，是完善内部控制和风险管理体系、优化企业管理的一项重要举措，也是做好企业风控工作的基石。

实体企业的管理者可以据此加强投资决策的风险分析，客观评价可能面临的各种风险，避免企业盲目进入高危风险区域。各级管理人员要在实际工作中增强企业风险管理意识，既要抓住企业发展的机遇，又要善于识别风险、规避风险、控制和化解风险，防止因外部环境的变化和人为错误使企业遭受经济损失和不利社会影响，从而推进企业发展战略目标的顺利实现。

宁德时代新能源科技股份有限公司（以下简称宁德时代）作为国内率先具备国际竞争力的动力电池制造商之一，他们严格按照企业内部控制规范体系，建立健全规范制度和有效实施内部控制，评价其有效性。在宁德时代公布的《2020 年度内部控制自我评价报告》中显示，他们根据公司及其下属各级分子公司发展战略、采购业务、销售业务、资产管理、资金活动与担保管理、对外投资、合同管理、财务报告、研究与开发、工程项目、信息系统、业务外包等重要业务事项，对公司内部环境、风险评估、控制活动、信息传递与沟通、持续监督等五大内控基本因素进行评价。这"五大内控因素"与"三道防线"有异曲同工之妙，对企业内部风险控制流程形成了闭合回路。

把拳头缩回来是为了更有力地打出去。防守是为了更好的进攻，防守可以消除内部风险，积蓄反攻力量。只有牢牢守好安全底线、把控好发展的基本盘，才能谈得上在商场开疆拓土、攻城略地，这就是防守的力量！

第二节 三不策略："可胜者，攻也"

2017年7月至9月，朱某、许某某在长沙绿地高铁新城置业有限公司"绿地之窗"项目售楼部工作期间，利用公司管理漏洞及职务便利，在销售部分房产过程中，虚构事实，以工程抵款房的名义，以高出公司按照国家法律政策制定的限价标准（一房一价），将公司3套新房高价销售给购房者，将超出网签合同价格的款项非法占有。其中，被告人朱某通过被告人许某某将公司4栋201房以人民币1 389 577元的价格销售给曾某（网签合同价格为人民币1 200 167元），通过被告人许某某将公司4栋404房以人民币1 850 000元的价格销售给胡某（网签合同价格为人民币1 494 124元），通过蒋某（另案处理）将公司3栋201房以人民币1 366 976元的价格销售给丁某（网签合同价格为人民币1 190 087元）。经核算，被告人朱某涉案金额共计人民币 695 199 元，被告人许某某涉案金额共计人民币 525 286 元。

2018 年 4 月 3 日，被害单位长沙绿地高铁新城置业有限公司向公安机关报案。案发后，被告人朱某、许某某向被害单位退缴了全部非法所得。2018 年 9 月 27 日，被告人朱某、许某某主动到公安机关投案。

这是一起典型的职务侵占案件，长沙绿地高铁新城置业有限公司监察部门果断出手，并与公安机关通力配合，及时挽回了单位损失，可以称得上是企业反腐的典型操作。公司"三道防线"的价值得到了体现，虽然在此过程中，公安机关的协助对于打击公司腐败起到了至关重要的作用，但是公司内部"三道防线"的过滤功能毋宁说提供了基本的前提。这种"自揭家丑、刀口向内"的做法让"不敢腐"的震慑得到了实实在在的落地，也让公司自身的自我防护机制得到了切切实实的强化。

企业反腐不能只停留在防守阶段，只有不失时机地主动进攻才能让腐败无所遁形。

近年来，先有中美贸易摩擦影响外贸出口，再有新冠肺炎疫情冲击国内生产生活，再加上中国经济进入新发展阶段，不少实体企业遭遇了前所未有的发展"寒冬"。

有人不禁要问：这种情势下实体企业的反腐还有必要开展吗？需要下多大力气进行反腐？反腐和发展二者的权重如

何把握？如何借鉴国家反腐经验构建实体企业的反腐败体系呢？

反腐对于企业发展来说，始终是一道必答题，而不是选择题。当前，国家经济的列车已经从高速增长迈向高质量发展，"新发展理念"已经深入人心，经济野蛮增长的时代已经成为过去式，更高质量、更有效率、更加公平、更可持续、更为安全的发展已经成为"十四五"建设的基本目标。

党的十八大以来的反腐实践证明，构建"不敢腐、不能腐、不想腐的有效机制"，是一个力求标本兼治的过程，也是对反腐败工作的长期规划。实体企业反腐是一个伴随企业发展的永恒课题，"三不"战略对于实体企业反腐的发展仍然有效，其自身有着鲜明的逻辑递进关系。

所谓的"不敢腐"，属于浅水区的治标层面。进入深水区后，只有不断完善制度环境、强化监督管理，使重点岗位人员"不能腐"；持续地加强信念教育、净化灵魂，使重点岗位人员"不想腐"，才能达到治本状态和理想境界。

《孙子兵法》有云："用兵之法，无恃其不来，恃吾有以待也，无恃其不攻，恃吾有所不可攻也。"[①] 反腐工作一定要未雨绸缪，预防为主，防治结合。重防轻治，无法打击贪腐者的嚣张气焰；重治轻防，亡羊补牢，可毕竟损失已无法

---

① 孙子兵法. 陈曦，译注. 北京：中华书局，2019：146.

挽回。

医圣孙思邈在所著《备急千金要方》中将医术描述为："上医医未病之病，中医医欲病之病，下医医已病之病。"实际上，腐败的防治亦如同于治病，其最低层级为惩治腐败，中间层级为预防腐败，而最高层级则为腐败免疫，这三个层级其实也对应着反腐工作"不敢腐、不能腐、不想腐"的三个目标。

第一，严肃惩处腐败，努力筑牢"不敢腐"的法纪防线。不断加大查办案件工作力度，始终保持对腐败分子的高压态势，坚决遏制腐败现象易发多发的势头。对腐败行为要实行"零容忍"，有案必查、有贪必惩，坚决把腐败分子清除出公司队伍。

2018 年，全球领先的无人飞行器控制系统及无人机解决方案的研发和生产商深圳市大疆创新科技有限公司（以下简称大疆）进行内部管理改革，初衷是将管理和流程优化。大疆管理改革主要是梳理内部流程，重新设置审批节点，更换和任命一些领导岗位的人选。在这个过程中，大疆却意外发现，在供应商引入决策链条中的研发、采购、品控人员存在大量腐败行为。其他体系也存在销售、行政、售后等人员利用手中权力谋取个人利益的现象。大疆经过测算，这一轮腐败行为保守估计损失金额超过 10 亿元人民币。这一数字为2017 年所有年终福利的 2 倍以上。这轮反腐风暴中，大疆共处理涉嫌腐败和渎职人员 45 人；其中，涉及供应链决策腐败的研发、采购人员最多，共计 26 人；销售、行政、设计、工厂人员共计 19 人。问题严重、移交司法处理的有 16 人，另有 29 人被直接开除。大疆已在公司内部公告上述涉案人员名单。① 大疆高压反腐，敢于揭短亮丑，走上了健康发展的快车道。

第二，严格监督制约，努力筑牢"不能腐"的制度防线。邓小平同志说过，制度更带有根本性、全面性、稳定性和长期性。制度好可以使坏人无法任意横行，制度不好可以使好人无法充分做好事，甚至会走向反面。② 腐败的形成很大程度上在于制度上存在的漏洞为不法分子提供了可乘之机，要有效铲除腐败现象滋生蔓延的土壤，从根本上要靠完善的制度。

实体企业应该坚持把完善体制机制作为治本之策，构建以公司章程为根本，若干配套制度为支撑、体系更完善、管理更有效的制度体系，编织并全方位扎牢关紧权力的制度笼子。制度的缺陷在一定程度上提供了滋生腐败的土壤。为此，必须要以法治思维和法治方式建制度、明法度、严约束，通过有效的制度设计和创新，不断提高公司治理水平，逐步形成不能腐败的机制。

---

① 大疆发布反腐公告 45 人被查处 涉及金额超 10 亿 . 新浪财经，2019 - 01 -19.

② 邓小平文选 . 第 2 卷 . 2 版 . 北京：人民出版社，1994：333.

在华为公司，每个新员工入职后都会收到一本《华为员工商业行为准则》，里面对企业自身经营方式自律、员工从业行为自律及与国家机关工作往来中行为自律等"三自律"作出了严格规定。与之对应的，每名员工都有一套属于自己的诚信档案，任何失信或其他污点记录都将导致其在升迁时被一票否决。正如华为人自己所言，公司发展不仅要靠"狼"文化，更要靠"诚"文化。华为的经验证明，企业的健康快速发展离不开严格的公司治理和廉洁的企业文化。

第三，严格教育管理，努力筑牢"不想腐"思想防线。人的行为是在一定的思想观念支配下发生的，一切腐败行为都是在腐朽的思想观念支配下发生的。纵观违纪违法人员堕落历程，权力冲破约束、攻城略地，无不是从思想堤坝出现"漏洞""管涌"开始的，慢慢击溃道德防线、纪律防线、法律防线，最终把人送上不归路。要想管住自带扩张性和侵蚀性基因的权力，最基础也是代价最小的，莫不如先从思想上给手握权力者涂好"防腐剂"。

实体企业腐败分子主要是一些重点岗位或关键环节的管理者，特别是高级管理者，面对拒腐防变的考验，没有哪个人拥有天然免疫力。越是管理者，越容易成为拉拢腐蚀和"围猎"的对象，也越需要时刻把欲望关进理性的笼子里。公司大力倡导廉政文化建设，开展形式多样的警示教育活动，持续做足纪律教育这篇大文章，正本清源、激浊扬清，不搞不教而诛，使全体员工，特别是关键岗位工作人员精神受洗礼、灵魂受触动，知敬畏、存戒惧、明底线，才能逐渐形成"不想腐"的行动自觉。

"三不策略"犹如一套组合拳，向腐败毒瘤发起凌厉攻势，层层递进、环环相扣，在这样的进攻下，反腐败的成效才能守得住、不反弹。

第三节　不敢腐的威慑：华为把权力关进了"笼子"里

公司存在的唯一理由是为客户服务。多产粮食，增加土壤肥力是为了更有能力为客户服务。"以客户为中心，为客户创造价值"是公司的共同价值。权力是为了实现共同价值的推进剂和润滑剂。反之，权力不受约束，会阻碍和破坏共同价值守护。公司拥有完善的内部治理架构，各治理机构权责清晰、责任聚焦，但又分权制衡，使权力在闭合中循环，在循环中科学更替。①

这是华为在其官方网站的公司治理介绍中的开篇之词，公司的发展需要权力的授予与层层传递，这是业务快速发展

---

① 公司治理概述，华为公司网站，https：//www.huawei.com/cn/corporate-governance.

的基础逻辑，但是没有被约束的权力往往又会反过来侵蚀公司，腐败是最为突出的表现形式。如何平衡权力的授予与约束呢？华为给出的良药是将权力关进"笼子"里，通过设立内部投诉渠道、调查机制、防腐机制和问责机制，形成对权力的强力威慑。

2013年12月9日，黄某入职华为技术有限公司工作。2015年8月至11月，黄某在深圳青研网络技术有限公司（以下简称青研公司）投资20万元，占股34%。2015年3月至2017年2月期间，黄某在担任华为公司广州代表处企业业务部客户经理一职期间，利用有权申请特价、有权决定总经销商销售价的职务之便，通过向公司申请特价、增加青研公司为二级销售路径的方式，从中赚取产品差价，在"世贸大厦弱电智能化项目"等18个项目中赚取1 700 120元差价；在"百仕达地产新大楼弱电智能化项目"赚取39 860元差价。

2015年8月，王某经被告人黄某介绍在青研公司工作，负责华为公司的项目，其可获取华为公司项目利润的15%作为提成。为感谢黄某在"汕尾信利广场弱电智能化项目""世贸大厦弱电智能化项目""可域酒店金域天下弱电系统建设项目"三个项目中给予的帮助，共给黄某77 600元作为感谢费。在"百仕达地产新大楼弱电智能化项目"，深圳市吉玛科技有限公司莫某某给予被告人黄某2万余元好处费。

2017 年 7 月 3 日，黄某被抓获。依照《中华人民共和国刑法》第 271 条第 1 款之规定，法院判决：被告人黄某犯职务侵占罪，判处有期徒刑 5 年。[①]

仅仅是有权申请特价、有权决定总经销商销售价，一位客户经理就可以攫取数百万的非法利益。放权是为了业务的发展，那如何约束放出去的权力保证业务的健康发展呢？

内部腐败，在华为一直处于极度高压的状态之中，为了防止内部腐败现象，华为在内部控制上设立了三道防线：第一道防线是业务管理者，第二道防线是内控及风险监督部门，第三道，也是最后一道底线，是华为的内部审计部。内审部作为华为的"司法部队"，主要工作就是对大小问题，审计到底，纠察不休，只要发现一处线索，就必须深挖出后面的根源。

除了重视监察，严惩贪腐之外，华为对于遵纪守法的员工更是有奖有罚，2014 年 9 月的反腐行动中，华为一共收缴资金 3.7 亿元，后面作为奖金，发给了所有员工。

2007 年，华为管理岗位就开始就《EMT 自律宣言》宣誓，从任正非带领的高管开始，层层宣誓，宣誓内容包括"不迎来送往，不贪污受贿，不动用公司资源，不说假话，不

---

① 黄某职务侵占二审刑事裁定书（2019）粤 03 刑终 1053 号．中国裁判文书网，2019 - 12 - 04.

捂盖子等"。

《EMT 自律宣言》

1. 我绝不搞迎来送往，不给上级送礼，不当面赞扬上级，把精力放在为客户服务上。

2. 我绝不动用公司资源，也不能占用工作时间，为上级或其家属办私事。遇非办不可的特殊情况，应申报并由受益人支付相关费用

3. 我绝不说假话，不捂盖子，不评价不了解的情况，不传播不实之词，有意见直接与当事人沟通或报告上级，更不能侵犯他人隐私。

4. 我们认真阅读文件、理解指令。主管的责任是胜利，不是简单的服从。主管尽职尽责的标准是通过激发部属的积极性、主动性、创造性去获取胜利。

5. 我们反对官僚主义，反对不作为，反对发牢骚讲怪话。对矛盾不回避，对困难不躲闪，积极探索，努力作为，勇于担当。

6. 我们反对文山会海，反对繁文缛节。学会复杂问题简单化，六百字以内说清一个重大问题。

7. 我绝不偷窃，绝不私费公报，绝不贪污受贿，绝不造假，我们也绝不允许我们当中任何人这样做，要爱护自身人格。

8. 我们绝不允许跟人、站队的不良行为在华为形成风

气。个人应通过努力工作、创造价值去争取机会。

华为后来力推"特赦方案",鼓励员工主动交代经济或账目问题,结果在一个月的时间内,选择主动交代的人数高达四五千人。

华为的反腐政策也写得极度明确。要求员工严格遵守礼品与款待、慈善与捐赠、第三方管理、账簿与记录、咨询与举报的相关规定。

《华为公司反腐败政策》[①]

华为公司在各国有关公平竞争、反贿赂和反腐败的法律框架下开展业务,将公司的反贿赂和反腐败义务置于公司的商业利益之上,确保公司业务建立在公平、公正、透明的基础上。

华为长期致力于通过资源的持续投入建立符合业界最佳实践的合规管理体系,并坚持将合规管理端到端地落实到业务活动及流程中。

华为重视并持续营造诚信文化,要求每一位员工遵守商业行为准则,每位员工以及与华为进行商业行为的实体和个人都应遵守和维护华为在反贿赂和反腐败方面的政策。

华为公司禁止为获取或保留业务,或获取不当优势,以

---

① 华为公司反腐败政策,华为公司网站.公司治理概述,华为公司网站,ht-tps://www.huawei.com/cn/corporate-governance.

腐败为意图，给与公职人员、交易对方有关人员和能够影响交易的其他相关人员财物或其他有价物的行为；华为公司同样禁止员工收受贿赂，禁止其直接或间接索取礼品或利益。相关的政策要求请参考《华为员工商业行为准则》。

上述公职人员是指依法履行公共职务的工作人员，包含政府部门的雇员、代表政府实体履职的个人、国有企业或者国有控股公司人员、政党候选人、国际组织的人员等。面对公职人员时，应谨慎考虑是否违反相关适用法律、公职人员的诚信廉洁要求及我司反腐败政策。

1. 礼品与款待

在任何情况下，华为员工均不得以腐败为意图，直接或间接向公职人员、客户人员或合作伙伴人员赠送礼品或进行款待；也不得向合作伙伴人员索要礼品或款待。不同国家的法律和客户的规定差异很大，在给与或接受礼品与款待前，员工必须铭记公司禁止腐败行为，评估此举是否将对华为的声誉造成不利影响。

给与或接受礼品与款待前，必须考虑以下几点：

目的正当：应以建立和维护良好的商业关系为目的，而不应以获取或保留业务，获取不当优势，影响正常的业务流程或决策为目的；

时机恰当：不得在招投标过程中，或重要决策阶段等可能影响公平决策的敏感时期；

价值合理：符合正常的商业惯例，不能提供或接受超出一般价值的礼品，现金或现金等价物，或其他被禁止的礼品类型；

合法合规：礼品与款待业务应公开透明，符合当地适用法律及对方反腐败的规定。

关于员工接受和提供礼品与款待的详细指导，请参考《交际应酬费管理规定》《采购业务行为准则》以及子公司《礼品与款待政策》。

2. 慈善与捐赠

华为坚持不片面的追求自身利益最大化，注重自身社会责任的担当；

华为禁止以慈善与捐赠的形式掩盖腐败目的，要求采取有效措施确保慈善与捐赠活动的透明、合法；

华为不直接或间接参与任何政党政治活动，不对当地国家的政党、候选人，及其关联人，或其任何附属组织等进行赞助活动。

对于公益慈善与捐赠活动的详细指导，请参考《公司CSR 公益活动管理规定》。

3. 第三方管理

第三方包括服务提供商、供应商、下级经销商、代理商、顾问及其他合作伙伴等。华为与第三方开展的合作应真实、合法，并要求第三方遵守《华为供应商社会责任行为准则》、华为公司相关的合作伙伴行为准则、诚信廉洁承诺要求及本政策。

华为认为适当的尽职调查、完整的协议条款及相应的管控程序，是确保第三方遵从华为反腐败政策的重要手段；

华为禁止任何通过、协助、教唆、促使第三方或与其合谋的方式进行贿赂的行为；

华为要求第三方在代表华为的情况下或与华为合作的过程中，不得进行任何形式的贿赂和腐败，包括以任何方式贿赂华为员工，如提供不合乎商业惯例的礼品与款待等。

4. 账簿与记录

华为坚持以透明和诚实的方式提供恰当的文档支持商业决策，并根据要求归档；

华为要求对每项资产处置、财务支出根据文档保存政策保留真实、完整、准确的账簿与财务记录，以备核查；

华为禁止设立体外资金池。关于体外资金池的详细管理要求，请参考《关于禁止体外资金池的管理规定》。

5. 咨询与举报

如果您对本政策有任何疑问，可以向直接主管咨询。如仍有疑问，还可以向国家/各体系合规官咨询，如果您对该答复仍有疑问，可以咨询公司商务稽查部；

如果您发现有任何人疑似或者已经违反本政策，请通过邮件举报。

华为对相关举报将展开调查，并对举报人严格保密，绝不允许任何人对举报者进行威胁或打击报复。

以往合作中的历史问题，凡存在华为员工（包括已离职的华为员工）收受好处费等类似问题，如相关合作伙伴或经办人能主动向华为完整报备并积极配合相关调查的，华为公司将视具体情况对该合作伙伴或经办人不予追究民事责任，在法律允许的范围内不进行民事起诉，并酌情退还所追回的赃款（依法被司法机关没收的除外）。对承诺以后不再发生类似问题的合作伙伴，不影响其与华为公司继续合作。当前合作或未来合作中的问题。若存在华为员工以各种名义向合作伙伴索要好处费、不正当费用等类似问题，请在第一时间实名举报，同时提供详实、确凿信息；华为公司将会认真核实、确认，一经查实，将进行严肃处理，以保护合作伙伴的合法利益。

总结实体企业反腐败主要有四种方式：一是靠自律，各个公司出台了不少廉洁准则、道德准则规范员工行为，并鼓励有贪腐行为的员工主动申报，并配套有一些特赦方案。二是靠举报，很多公司发布的反腐败公告中，都有"经举报""收到举报"等字眼，一些企业鼓励供应商主动举报企业员工在与其接触的过程存在的贪腐行为。三是靠专门的反腐败机构，比如腾讯的反舞弊调查部，为员工设立了"六条高压线"，触线者轻则辞退，重则移交司法机关。四是靠协作，如由京东集团倡议，联合腾讯、百度、宝洁、联想、美的、小米等企业共同发起成立了"阳光诚信联盟"平台，联盟的会员企业相互协作，联合推进腐败案件的查处，对员工和合作伙伴的腐败行为零容忍，形成联合威慑。

从华为等实体企业内部的反腐败专门机构的设立及其职权和运作可以看出，当前的实体企业反腐具有鲜明的企业特色或者说是企业家个人色彩。当前的企业反腐，往往只能靠企业自身的内部力量，缺少外部力量的支持，比如国家的纪检监察部门、媒体、公众的力量难以进入其中，使得其反腐败可用的手段有限，效果难免会打折扣。因此，探索联合反腐，通过以"阳光诚信联盟"为代表的平台进行力量整合，将成为未来企业反腐的最优路径。

正如任正非所说："我们像双翼的神马，飞驰在草原上，没有什么能阻挡我们前进的步伐，唯有我们内部的惰怠与腐败。"①

第四节 不能腐的密网：三一集团的"护廉网"

俗话说："物必先腐而后虫生之。"腐与败是一对孪生兄弟，由腐而败，有腐必败。腐败是一个裂变现象，如同癌魔一般，只要有合适的土壤就会滋生蔓延疯长。

---

① 华为再发文，反惰怠反南郭 18 种行为. 蓝血研究微信号，2019 - 12 - 11.

清朝初年，朝廷颁布了"大清律"，对待腐败现象零容忍，但是对"自己人"却网开一面，导致八旗子弟很快便丧失了战斗力。国民党为了防止腐败，设置了"两条线"监督机制，结果"两条线"都发生了腐败，大小官员贪贿成风，最后颓势无力挽回。

腐败的规律特点告诉我们：反腐无禁区，监督无特例。

高鸟之飞，死于美食；深泉之鱼，死于芳饵。从被动接收"要我贪"，到主动伸手"我要贪"，有时候只隔着一张纸。

我们暂且不花费篇幅来大谈特谈到底"人性恶"还是"人性善"才是对人类本性的正确揭示，坐而论道，即使分析得再头头是道也不能解决实际问题。对于一个务实的企业而言，对于那些如同洪水猛兽般奔腾泛滥的欲望，尽快修建起一个廉洁之坝显得尤为迫切。

作为中国工程机械制造头部企业，三一集团有限公司（以下简称三一集团）成长壮大的历史，也是与腐败现象坚决斗争的历史，在这其中三一集团"护廉网"的构建功不可没。

在创立之初，三一集团始终以创建一流企业、造就一流人才、作出一流贡献为愿景，秉持公正信实（公平正义、诚实守信）价值理念管理、经营各项业务，确保内部经营秩序规范、有序、透明。

在三一集团，诚信不是上线而是底线，不诚信则是红线。多年来，三一集团在员工晋升、合作伙伴选择、人才选拔等方面积极践行公正信实标准；在新员工入司、客户合作、供应商准入等环节重点推广公司廉洁诚信文化；在不廉洁、不诚信等问题上强化监督问责、捍卫廉洁诚信文化尊严。

对于三一集团来讲，强化廉洁诚信和监督问责，是内外部因素共同作用的结果。

从内部来看，随着三一集团的业务逐渐从传统制造转变到智能制造，从重工机械延伸至互联网、金融、人工智能等领域，跨行业、跨市场的服务日渐丰富，不同业务之间关联性逐渐增加，风险传染性逐渐变强。同时，日益成熟的信息技术将大量的业务流转化为信息流、数据流，让风险传导更容易打破时空的桎梏，风险传播速度更快。公司规模扩大必然会导致员工数量急剧增加，这使监督环境变得异常复杂，监督与教育难度陡增，合规监督与廉洁教育需投入更多的人力、物力、财力，合规管理成本增加。

为了提升监督的效率与质量，保证公司经营生态健康，迫切需要转变监督模式，利用数字化、自动化手段打造一张及时、高效的"护廉网"，实现业务风险早识别、早预警、早处理。

从外部来看，近年来，民营企业反舞弊环境日趋严峻，各类违规违法案件及腐败问题花样百出，更加复杂化、隐蔽化、智能化。三一集团同样面临诸多新形势考验。从 2018 年至 2020 年，集团内部连续出现公司人员利用职务之便非法牟利，导致公司重大利益受损的事件发生。这一件件腐败事件持续爆发，严重破坏了公司的经营生态健康，影响了公司的市场口碑。

为了更好地抑制腐败频繁滋生，打造廉洁企业品牌，推动廉洁文化转化为市场竞争力，公司迫切需要构建一套集预防、治理、惩处功能于一体的"护廉网"，强化对权力运行的全程监督，从而保证事前、事中、事后监督实时、在线、可控，让三一集团在阳光下发展。

2002年，三一集团审计监察总部成立。作为公司一级部门，该部只对公司董事会负责。在董事会的支持和指导下，该部秉持"织天网、监帮并举"理念，推出了"廉洁三一"标志（参见图2-1），积极探索以风险为导向、以控制为主线、以治理为目标、以增值为目的的现代企业"护廉网"，在促进公司依法经营、完善内控、防范风险、提高效益等方面发挥了重要的作用。

图2-1　"廉洁三一"标志

2017 年年初，三一集团将审计、监察、监事三大独立体系整合优化为审计监察总部，再造流程体系与组织结构，精简优化，打造出一支具备专业、精干、高效等优秀品质的审计监察队伍。至此，审计、监察、监事三位一体式组织正式形成（参见图 2-2）。审计监察部门坚持当好防微杜渐的"监督员"、抵制诱惑的"守门员"、廉情信息的"反馈员"，为企业的健康发展保驾护航。[①]

"护廉网"着眼打造审计、监察、监事三位一体组织，搭建在线化、自动化、智能化的数字"护廉天网"，构建专业、成熟、有效的业务合规体检体系，确立客观、科学、合理的高管监督评价体系，推行多元、便捷、高效的重奖举报机制，开展全方位、宽领域、多层次的廉洁教育，为项目从教育、制度、监督上构筑"防火墙"，从思想、道德、意识上架起"高压线"。

经过多年来的发展，三一集团"护廉网"已经形成了具有自身特点的创新体系：

一是实现了创新运营、三位一体。审计、监察、监事三位一体、计划统筹、资源统调、注重联动、监控同为，沟通更顺畅、协同更紧密、反应更迅速，有效避免了重复、多头监督。同时，监事长派驻各事业部，全面负责日常经营监督，

---

① "软机制＋硬科技"支持下的三一"护廉网"监督体系建设. 互联网企业廉洁合规研究院微信号，2022-05-07.

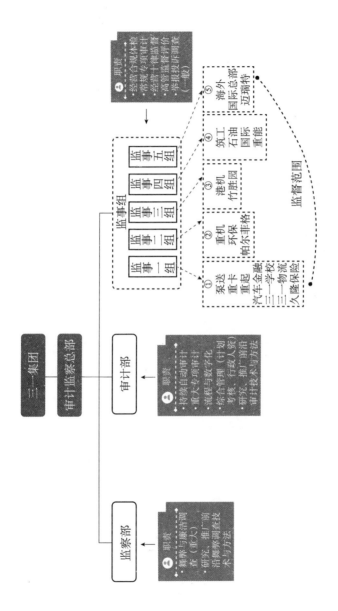

图 2 - 2　三一集团审计监察总部结构图

提供贴身服务，是审计监察总部垂直管理职能的有效延伸。

二是实现了数字天网、实时自动。数字化天网建设采取"在线化、自动化、数智化"三步走战略。在线化方面，建立智能监审平台，推动作业管理平台从项目立项、实施到完成，实现质量过程可控，项目管理走向规范、实时、在线、可跟踪；自动化方面，通过采集各业务领域数据源，基于业务逻辑新建规则预警模型，实现业务风险自动预警，使得监督关口逐渐从事后监督转向事前预防、事中治理，降低了人工参与度，减少了人力、物力投入，提升了监审效率；数智化方面，由预警模型集群自动预警逐步迈向智能预警，在商务、营销等领域探索实现更多数智化场景，推动监审成果倍增。

三是实现了合规体检、把脉流程。全面梳理集团流程制度，分析流程关键控制点，测评业务合规程度，能够集中纠正业务不合规现象，弥补业务流程制度漏洞，促进集团流程制度整体优化，确保集团经营业务健康发展，真正实现"以评促建"。

四是实现了高管监评、助力选任。高管是公司经营管理团队的灵魂，实施高管监评可为公司识人用人提供一个清晰、可视、可量化的参考结果，助力公司高管选任，优化高管队伍，增强判断决策过程的合规性、决策结果的合理性，助力公司强化治理水平。

五是实现了举报机制、便捷高效。公司建立多元化的举报渠道广泛地拓展了举报线索来源；实施举报奖励与保护机制，有效地提升了全体员工和合作伙伴实名举报的积极性，免去举报的后顾之忧；推行举报线索分级处理机制过滤了无效举报线索，筛选出有效举报线索，有利于审计监察人员集中调查资源，提升舞弊调查的效率，避免调查资源的浪费。

六是实现了廉洁教育、嵌入日常。三一集团廉洁教育与宣传贯彻并非仅仅停留在理论、案例的纯粹灌输，而是将廉洁诚信文化深深嵌入每个"三一人"的日常中。如员工入司、晋升环节、有利益冲突与对外投资申报、诚信保密培训；考核环节有廉洁诚信维度绩效评估、诚信合规考试；生活环节有廉洁阳光周、廉洁诚信教育展、廉洁知识有奖竞猜活动、公检法专题讲座、廉洁诚信短视频、廉"节"问候等丰富多元的措施，使廉洁诚信为经营护航成为一种共识。

经过多年的有效运行，三一集团"护廉网"的构建使得集团扭转经营风气，有效为经营护航。近两年通过廉政调查问责违规违纪人员900余人次，其中29人次被依法追究刑事责任；按合同追责110余家违约供应商，持续完善问责及跟踪机制，确保100%问责到位。在重拳查处违规违纪的同时，审计监察总部还积极组织企业廉洁宣传预防，如廉洁阳光周、廉洁诚信警示教育展、利益冲突申报与对外投资申报等活动，开展廉洁教育培训90余批次，覆盖员工超11 000人次，取得了良好的效果。

"护廉网"的构建激活了风控管理,有效为经营赋能。近3年通过"护廉网"识别披露及推动解决各类问题、风险超3 100项,向集团各级部门提出有效建议超4 500条,为公司挽回及规避损失、增收节支金额共计超6.2亿元,在维护公司经营秩序等方面作出了突出贡献。

"护廉网"的构建赢得了市场口碑,有效为竞争蓄力。近年来,三一集团走上了快速发展的轨道,2020年实现销售收入1 368亿元,成为全球工程机械行业三强之一,是中国在世界智能制造领域一张响当当的名片。成就的取得离不开廉洁经营环境的保驾护航。

三一集团"护廉网"的建设路径是主动融入各个行业组织,积极向行业标杆看齐,借鉴先进经验摸索出来的,具有良好的可持续性,具体体现于"四化建设":即预防内心化、治理全员化、查处零容忍化、转型数字化。

正是基于"护廉网"的持续实施与不断完善,三一集团内部经营环境变得更加规范、透明、有序,这不仅让众多合作伙伴切身尝到廉洁"红利"甜头,"反哺"行业发展,而且还吸引了很多企业与三一集团合作,间接提升了公司的市场口碑与竞争力。

事实证明,"护廉网"工程实施,既能肃清内部害群之马,让贪污腐败无所遁形,也能推动廉洁文化内化于心,外化于行,使廉洁成为一种习惯、一种本能,最终转化为企业竞争力。

第三章　刮骨疗毒的制造业反腐

在人类进化的漫漫长河中，工具的制造推动了人类文明的进步。从蛮荒时代的生存需求，到战争年代的称雄争霸，再到和平时期的繁荣发展，工具制造对于人类生活的重要意义从未改变。

战争是铁与血的较量，特别是进入现代社会，所有先进的武器装备都需要完整的工业体系尤其是制造业作为基础。近代中国几乎所有的御侮战争，都是"落后的农业国与先进的工业国之间"的对抗。战争与工业之间关系的重要性，再怎么强调也不过分。

今天，国家之间的竞争，更是表现为实体经济的竞争，强大的装备制造业是实体经济的根基。在全球，机器制造每天都在创造着奇迹，机器制造的竞争每时每刻都体现着国家之间的博弈。

新中国成立之初，国家一穷二白。斗转星移，沧桑巨变，经过中国人民70余年来的不懈奋斗，"十三五"期间，我国工业增加值从23.5万亿元增加到了31.3万亿元，连续11年成为世界最大的制造业国家。[①]

历史雄辩地证明了"无工不富"的铁律，2018年7月6日，中美第一轮贸易战"靴子"落地。美国正式对340亿美元中国产品加征25%关税。美国违反世贸规则，发动了人类经济史上规模最大的一次贸易战。作为反击，中国同时对同等规模的美国产品加征25%的进口关税……尚未尘埃落定的中美贸易摩擦，表面上看是贸易较量，实际是科技实力较量。

基于比较优势和美国资本对世界贸易体系的长期布局，美国本土主要生产高附加值的核心零部件和中间产品，而面向复杂竞争市场且利润微薄的终端产品组装和集成则抛给了其海外工厂及中国企业，由此也造成美国本土产业空心化现象。

中国政府则自2015年开始实施"中国制造2025"制造强国战略。这一战略提出了"制造强国"的若干发展目标，加快实现由工业大国向工业强国的转变，通过打造先进制造业、生产性服务业、服务型制造业和绿色技术，力争实现完全工

[①] 我国"十三五"制造强国和网络强国建设主要目标如期完成．人民日报，2021-03-02.

业化，从而避免"过早去工业化"。其中芯片及硅片制造、机器人和人工智能三个产业将使中国在 21 世纪进入制造业价值链的高端。①

已掌握全球百年霸权的美国，感受到来自中国的挑战与威胁，从奥巴马、特朗普到拜登，想方设法要把中国的势头打压下去，尤其是在新兴制造业领域。从中兴到华为，从芯片到飞机发动机到科技人才，美国使出了浑身解数，对中国进行全面封锁与脱钩，欲置中国于死地。

回望历史，从原子弹到高铁，从预警机到 GPS，从航母阻拦索到国际空间站，哪一个不是美国及西方势力对中国的制裁与封锁，最终反而逼出了中国"置之死地而后生"的能力。短短 70 年，中国实现了从无到有，从有到齐备到完善到领先的跨越。

当前，中国经济正处于由高速增长向高质量发展转型的过程中，与此同时，伴随着产业升级，我国制造业也将逐步由"中国制造"转向"中国智造"。智能制造已经成为制造业发展的"战略制高点"，而抢占这一制高点，对于推动我国制造业供给侧改革，培育经济增长新动能，打造我国制造业的竞争新优势，实现制造强国的目标，具有重大战略意义。

---

① 国务院关于印发《中国制造 2025》的通知．中国政府网，2015 - 05 - 19. http：//www. gov. com/zhengce/content/2015 - 05/19/content_9784. htm.

中国制造业的发展，"三分靠技术，七分靠管理"，有效的管理是抑制制造业企业腐败滋生的不二法门。制造业企业部门众多，人事关系错综复杂，而在这些复杂人事的背后，往往是或隐或现的腐败。"有人的地方，就有江湖。""有江湖，就有权力斗争；有金钱，就有腐败。"企业是一个组织，其内部管理、内部控制、内部资源分配是否合理有效，决定着企业是否可以高效运行，决定着企业目标能否实现。

2019年1月30日凌晨，无人机制造商大疆发布《大疆创新关于反对职务腐败的公开信》，大疆在信中表示，反腐败不仅关乎大疆的长远发展，也是大疆对提升营商环境，增强中国科技制造业竞争力所采取的态度和行动。此前，大疆发布反腐败公告。公告显示，2018年，因内部腐败问题，大疆预计损失超过10亿元，而大疆正在进行内部反腐整顿，目前已有45人被查处。腐败频发让刚刚兴起的国内无人机企业巨头大疆公司猛然觉醒，他们认为，人才是大疆持续发展中的第一资源，大疆对职务腐败行为零容忍的同时，不愿意任何一个清白的人才受到影响。[①]

相关研究表明，企业腐败与公司治理之间关系密切。腐败恶化了企业的代理问题，强化了内部人控制，造成了公司

---

① 大疆创新发布反腐败公开信：对职务腐败行为零容忍 . 2019 - 01 - 30. http：//jiemian. com/article/2836700. html.

管理层选拔出现"劣币驱逐良币"现象。贪腐虽会在短期内给公司带来一定的竞争优势，但是弱化了其他外部治理机制，如产品市场竞争、外部接管市场等的监督效用。

腐败是制造业企业的一颗痈疽，必须尽快切除！

短期来看，反腐败政策可能会切断企业正常运营中那些必要的，但是又处于法律灰色地带的用于政商关系维护的开支。切断这些所谓的"润滑剂"和"保护伞"类型的开支，有可能会损害企业价值。但是换一个角度考虑的话，反腐败政策切断的这些开支，也有可能是有效的。压缩这些开支反而能增进企业价值。因此综合来看，反腐败政策有助于提升企业长期价值。[①]

制造业的健康发展关乎国计民生，也是我国在大国博弈中的重要战略筹码。制造业企业反腐必须紧随技术的发展不断深化，否则实现"中国制造"向"中国智造"转变的历史性伟业就会受阻。制造业反腐不能停，一刻也不能停！

第一节　宁德时代：反腐败是可持续发展的保障

近年来，新能源汽车的发展速度令人叹为观止，其中，

---

① 王茂斌，孔东民.反腐败与中国公司治理优化：一个准自然实验.金融研究，2016（8）.

动力电池系统对于电动汽车而言，犹如汽油之于传统燃油车，是车辆的重要能量来源或唯一能量来源。

在动力电池系统的生命周期中，要经历各种各样的情况，可是不管使用环境如何变化，动力电池系统都应该能够稳定可靠地工作，直至达到产品退役的条件，这才算是合格的产品。

随着新能源汽车的快速发展，锂电行业迅速崛起。在这波大潮中，宁德时代（CATL）是一个让人无法忽略的名字。

2011年成立至2018年仅仅7年的时间，宁德时代（CATL）就已经成为中国新能源汽车领域规模最大的动力电池制造商之一。受益于智能电动汽车的政策红利，该公司在资本市场同样发展迅猛，2018年6月创业板上市以来，不到三年市值就暴增了超十倍。

2020年，"碳中和"大幕张启，电动车、光伏与储能领衔的新能源成为了时代的选择。在当代人有限的记忆中，中国新能源军团是过去百年间最汹涌的一股中国产业势力，历经十余年沉浮磨砺，而今正在全球产业链领域构筑全面比较优势。

在此其中，最具符号意义的中国公司毫无疑问是宁德时代。作为整个新能源系统原力中枢——动力电池的科技树与产能主导者之一，它的全球性交付能力，引领着整个产业脉络的进度，在中国新能源军团中尚无人能望其项背。

但与此同时，宁德时代的内部管理也暴露出了问题，有个别员工以权谋私，收受贿赂或回扣，使公司的商业信誉和经济利益严重受损。特别是财务管理、业务承揽、物资采购等环节，资金密集度高、与企业外部关联度大、诱导因素多，加上民主决策、监督管理机制不完善，因而容易滋生腐败，成为廉洁经营的主要风险点。

令人扼腕叹息的案例是，在金钱和利益的诱惑面前，有的员工特别是管理层心理发生了扭曲。例如，2016 年至 2018 年，彭某利用担任宁德时代新能源公司采购部采购员的职务便利，收取福州天力工程机械有限公司等四家供应商贿赂款共计 19 万元。2019 年 8 月 2 日、5 日，彭某主动向宁德时代新能源公司上交 44.8 万元。8 月 23 日，彭某主动向宁德市公安局蕉城分局投案。9 月 18 日，宁德时代新能源公司将彭某受贿款 19 万元移交宁德市公安局蕉城分局扣押。12 月 31 日，宁德时代新能源公司出具对彭某的书面谅解函。

福建省宁德市蕉城区人民法院认为：被告人彭某身为公司工作人员，利用职务之便，多次非法收受他人贿赂款共计 19 万元，数额较大，其行为已构成非国家工作人员受贿罪。起诉指控罪名成立。被告人彭某自动投案并如实供述自己的犯罪事实，系自首，依法予以从轻处罚，其退出全部赃款，亦可予以酌情从轻处罚。最终法院判决，被告人彭某犯非国家工作人员受贿罪，判处有期徒刑八个月，缓刑一年；退赔的赃款人民币十九万元，予以没收，由公安机关上缴国库。[①]

这是一起发生在采购环节的典型腐败案件。你或许会惊讶：一个采购员怎么会轻轻松松就能赚到 19 万元的"差价"？采购环节到底隐藏着什么不可告人的秘密？

众所周知，采购活动是企业生产运作的起点，是企业降低成本、增加利润的重要环节。受到内外部环境不可控因素的影响，采购活动各个环节中都存在不同程度的风险。如果不对这些风险加以深入研究和控制，企业采购过程中就非常容易滋生"暗箱操作"、以权谋私、弄虚作假、舍贱求贵、以次充好、收受回扣等腐败现象，同时也容易出现积压浪费，更有甚者还可能出现包括质量问题、交付不及时、增加成本、上当受骗等情况。

这起宁德时代的采购腐败案为公司的风控和反腐工作敲响了警钟，也为企业腐败的源头治理吹响了号角。

为防止这些不和谐声音成为公司发展的绊脚石，公司董事会高度重视公司的廉洁建设和反腐工作，坚持对腐败零容忍的态度，进一步强化行为准则委员会工作。由行为准则委员会联合内审、人力资源、信息安全等部门加强风险防控排查，形成稽查、监督的合力，扎紧杜绝舞弊和腐败的"篱

---

① 彭某非国家工作人员受贿罪一审刑事判决书（2020）闽 09 刑初 195 号．中国裁判文书网，2020 - 05.

笆"。

行为准则委员会秉持"查防结合，以防为主，齐抓共管，重点防控"工作理念，采取"外圆内方"的工作方法，坚持用制度管人管事，坚持以职员为主体，充分调动和发挥职员参与反腐的积极性，将反舞弊工作进行到底。[①]

宁德时代按照企业内部控制规范体系构建起了一套风险控制系统，以此确保经营管理合法合规、资产安全、财务报告及相关信息真实完整，提高经营效率，促进战略达成（参见图3-1）。

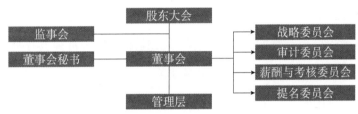

图3-1　宁德时代公司治理结构图

公司董事会负责建立、健全和有效实施内部控制，评价其有效性，并如实披露内部控制评价报告。监事会对董事会建立和实施内部控制进行监督。经理层负责组织领导企业内部控制的日常运行。公司董事会、监事会及董事、监事、高级管理人员保证本报告内容不存在任何虚假记载、误导性陈述或重大遗漏，并对报告内容的真实性、准确性和完整性承

---

① CATL行为准则．宁德时代官方网站．http：//www.catl.com.

担个别及连带法律责任。[①]

公司内部控制评价工作严格遵循基本规范、评价指引规定的程序执行：制定内部控制评价工作方案，明确人员组织、评价范围、进度安排等相关内容；实施内部控制设计与运行情况现场测试；认定控制缺陷并汇总评价结果；编制内控评价报告。

评价工作主要采用现场测试与系统抽样相结合的方式，综合运用个别访谈、调查问卷、专题讨论、穿行测试、实地查验、抽样、分析比较等方式，广泛收集公司内部控制设计与运行是否有效的证据，按照评价具体内容，如实填写评价工作底稿，研究分析内部控制缺陷，对公司内部控制的设计及运行的效率、效果进行客观评价，对发现的内控缺陷作初步认定后编制内部控制缺陷认定表并报送公司董事会审议。

公司按照风险导向原则确定纳入评价范围的主要单位、业务和事项以及高风险领域。纳入评价范围的主要单位囊括了公司及其下属各级分子公司，内容基本涵盖了公司经营管理的主要业务和事项，比如发展战略、组织架构、党建工作、社会责任、环境保护、企业文化、人力资源、采购业务、销售业务、资产管理、资金活系统、业务外包等重要业务事项。

___

① 2020 年度内部控制自我评价报告．宁德时代官方网站．http：//www.catl.com.

公司根据上述业务和事项的内控情况，对公司内部环境、风险评估、控制活动、信息传递与沟通、持续监督等五大内控基本因素进行评价。评价工作重点关注具有以下特点的关键性业务控制环节：影响法律法规遵循性、财务信息真实性、经营效率和效益性、资金资产安全性等高风险领域。

宁德时代积极响应联合国可持续发展目标，在提供创新产品和服务的同时，将可持续发展管理理念融入业务运营的方方面面，构建可持续发展管理体系，坚持道德经营与合规经营的原则，持续加强利益相关方的沟通，确保公司可持续发展，回馈客户和社会。

公司积极打造公正、公开、透明、负责任的采购环境，主动对供应商开展与企业可持续发展相关的培训，确保产品和服务，从源头上符合可持续发展要求。

由于宁德时代的电池原料中含有镍、钴、锰、锂等矿物质，公司充分认识到矿产供应过程中存在多种风险，为此制定了《供应链可持续发展管理政策》《CATL 负责任矿产供应链申诉机制》《负责任矿产资源供应链的尽责管理政策》等相关规定，确保供应链的健康运行。

2020 年在行为准则委员会具体主导下，宁德时代加大对违法违规行为的查处力度，逐步建立和完善了廉洁制度体系，大力弘扬以"修己"为核心的廉洁文化，营造合规、廉洁、诚信的工作氛围，初步实现了"不敢腐、不能腐、不想腐"

目标。

在廉洁监督上，公司坚持合法合规经营，坚持对腐败零容忍，坚定不移地反对商业贿赂。积极探索外部协作模式，不断完善内部协作方式，廉洁监督管理措施逐渐形成闭环，初步形成了"不敢腐"的震慑。

在制度建设上，公司发布《CATL 员工廉洁从业禁令》等 6 项新制度，以《CATL 行为准则》为核心的廉洁管理制度体系得到不断完善，廉洁建设基本实现有规可依、有章可循，从源头上防治腐败，筑牢了防止腐败发生的防火墙。

在廉洁教育上，常态化开展员工廉洁认证考试，编制发行《员工廉洁手册》，为广大员工提供普法通用教材，提升员工合规意识。面向合作伙伴同频宣导公司廉洁建设的相关成果，号召合作伙伴切实履行廉洁承诺，像保护眼睛一样保护新能源产业。

这是在新能源领域反腐败工作的冰山一角，相信宁德时代会继续开展反腐败工作，确保组织集体健康，积极打造世界一流创新科技公司，为人类新能源事业作出卓越贡献，为员工谋求精神和物质福祉提供奋斗平台！

第二节　中兴：合规经营中的蓬勃生机

2018 年备受关注的中美贸易冲突，使得"中国制造

2025"一时名声大噪并成为中美博弈的焦点。在这次冲突中，中国电信业遭受严重波及。中国两大设备商之一的中兴通讯股份有限公司（以下简称中兴）进入了历史的风口浪尖。

2018年4月16日，美国商务部发布对中兴的出口禁令，直到2025年3月13日，美国公司将被禁止向中兴销售零部件、商品、软件和技术。这意味着7年内，中兴无法从美国企业处获得任何电子元器件，包括绝大多数手机企业无法摆脱的芯片、基带等。中兴的发展似乎被完全阻断。

中兴事件证明贸易战已正式波及高科技行业，而在科技高速发展的当下，给缺乏核心技术的中国公司敲响了警钟。

中兴的这番遭遇令国人唏嘘不已，各种负面的评论接踵而至，但是不可否认的是，中兴能够成长为和华为比肩的通信设备制造商，其发展亦有很多可圈可点之处。

1985年2月，中兴前身深圳市中兴半导体有限公司成立，成立时只是深圳一家原始投资仅几十万元的多种所有制混合的小企业。三十多年，白手起家，从无到有。中兴通讯在几十年的发展中，由弱变强，逐渐成长为全球第四大电信设备供应商，并以在5G方面的成就为全球瞩目。

中美贸易冲突以来，中兴遭受了重大的挫折，但是中兴却悄然在涅槃后重获新生。

2018年7月19日，解禁以来，中兴拿下的三大运营商订单累计超过了 5 亿元人民币。① 2018 年 8 月 28 日，中兴已恢复正常生产产能，公司正集中资源投入 5G 建设，缩小非航道产品的投入。其研发进度已经赶上年初设定目标，5G 测试进度已全面赶上国家测试进展……

中兴的振兴不仅需要在核心科技上不再受制于人，而且在内部管理上也需要领先于人。

作为深港两地的上市公司，合规经营是中兴通讯的必由之路，也是中兴通讯三十多年经营的经验总结。中兴通讯致力于形成高效并有组织的合规运作，将合规制度嵌入全业务流程，创立合规和业务的融合，致力于实现建立在中兴通讯业务实践基础上的业界一流合规管理体系的目标，使合规成为中兴通讯在商业竞争中的优势。

早前 2016 年，中兴处境不佳，遭遇 20 年来第二次亏损，净亏损达 23.6 亿元，遭遇成立 31 年以来的最大一次危机，合规经营让中兴依然显示出了自身的强劲力量。

2016 年 7 月，在透明国际（Transparency International）针对新兴市场大型跨国企业出具的调查报告中，中兴排名第 8 位，成为唯一跻身该报告排名前 25 的中国企业。其中，反

---

① 中国移动等送给中兴通讯"解禁大礼包"：超 5 亿大额订单 . 2018 - 07 - 19. http：//sohu.com/a/242149491 _ 100193738.

腐败体系得分（88%）远高于被调研企业平均水平（48%）。①

2017年7月，中兴内部邮件通报了原总工会主席何某某涉嫌严重职务犯罪、非法集资等情况，何某某以其个人名义针对公司员工开展的集资理财行为（承诺10%年收益的理财），涉嫌非法集资。公司称将坚决打击腐败，杜绝一切违法犯罪行为。

铁腕反腐为中兴的发展注入了力量，也让公司员工和社会客户看到了中兴领导层的决心和意志。

2018年1月，中兴成为"阳光诚信联盟"品牌会员单位，以诚信经营为使命，共同推广廉洁自律，奉公守法的经营理念。

众所周知，合规经营的核心价值在于商业可持续。商业自由度是实现业务量级增长的天然温床，商业可持续则是实现业务的有质增长和成就百年企业的前提要件。

从当前严监管及企业治理的内外驱动力来说，在商业自由度和商业可持续之间，中兴选择商业可持续。这就决定了中兴所有的规则都以商业可持续作为最优先保障，在安全经营前提下实现管理成本最低和效率最高，以更好地守护中兴客户、合作伙伴、股东、员工及利益相关方的利益。

---

① 反贿赂合规．中兴公司网站．http：//www.zte.com.cn/china/about/trust-center/legal-and-Compliance/2019/10081604.html.

当然，合规只是企业治理的一部分，合规的内涵及外延很广，包括出口管制、反贿赂、数据保护、海关遵从、劳动用工合规等。合规以反腐败为切入点而发端，随着实践的不断发展，合规的切入点也逐渐扩大到反腐败之外。

中兴事件是贸易和进出口管制领域点对点的合规案例。受此事件的刺激，中兴加强法律合规专业化团队建设，对重要风险领域进行了细分，并补充专家力量。

恪守商业道德、遵守业务开展所在国的法律法规是中兴在全球合规经营的基本原则，中兴探索了一套与中兴业务实践相结合的方法，构成了中兴当前整个合规管理体系的核心要素，也即合理规则的制定、全面无死角的培训、坚决的执行和有效稽查。

同时中兴也将"PDCA 循环"[①] 的模式引入合规业务工作中，创设了业务和管理的双循环模式，从而使得中兴的合规

---

① "PDCA 循环"又称为"戴明环"，是由美国质量管理专家戴明发扬光大的，是全面质量管理所应遵循的科学程序。PDCA 分别代表的含义如下：P（PLAN）计划：确定方针和目标，确定活动计划；D（DO）执行：实地去做，实现计划中的内容；C（CHECK）检查：检查效果，把实际工作结果和预期目标对比，检查计划执行情况；A（ACTION）处理：对总结检查的结果进行处理，成功的经验加以肯定并适当推广、标准化；失败的教训加以总结，以免重现；未解决的问题放到下一个 PDCA 循环。四部分共同组成了一个完整的、统一的、连续的"PDCA 循环"。以上四个过程不是运行一次就结束，而是周而复始的进行，一个循环完了，解决一些问题，未解决的问题进入下一个循环，这样阶梯式上升的。因而每经历一个"PDCA 循环"，质量就会上升一个新的高度，可以不断循环，从而持续改进、提高。同时，"PDCA 循环"的每一个环节又可以利用更具体的"PDCA 循环"来处理问题，实现大环套小环，小环保大环，互相促进，从而推动大循环。

管理成为一套可以被追踪、执行、落地和改进的方法。

为了解决公司内部腐败的重难点问题，中兴建立并完善反贿赂合规体系，并确保合规体系有效地预防、监测与应对贿赂。反贿赂体系的核心要素包括但不限于高层的高度重视、健全的合规组织、充分的资源投入、系统的风险评估、全面的合规政策体系、有效的流程管控、全方位的培训与沟通、持续的监督与改进等。

中兴反商业贿赂合规部汇聚大量反腐败和反贿赂合规专家、体系标准专家、风评专家、尽职调查专家、内审专家、律师及法学专业人才，分别来自全球知名 500 强跨国企业、四大会计师事务所及全国首屈一指的高等学府。

公司专家和从业人员的合规管理经验覆盖反腐败和反贿赂核心要素，与具备丰富的一线业务经验的 BU（业务单元）合规团队共同建立并持续提升反贿赂合规体系的有效性。风险评估、尽职调查、业务评审、培训与沟通、持续监督和改进、内审稽核等机制有机高效协同，共同为业务保驾护航，为公司创造价值、守护价值。

公司每年按照年度风险评估计划对相关实体和业务进行系统的风险评估，深入业务场景开展有效管控。按照 2020 年的风险评估计划，已对多个国家的业务完成风险评估，并相应改善风险管控机制；通过业务与合规 IT 系统的对接和 IT 工具的使用，优化反贿赂合规管控流程，持续提升全流程、一体化合规风险管控水平。

中兴基于合规管理体系建立了法律及合规管理系统 LCM (Legal & Compliance Management system)，嵌入各业务流程，有效识别与防控风险；引入业界一流的商业伙伴扫描系统 BPS（Business Partner Screening），对所有准入认证的商业伙伴进行实时扫描，同步提升对于商业伙伴的合规管控水平。

同时，中兴面向全员开发了反贿赂合规在线学习课程，针对关键岗位输出各类流程操作、工作指引和场景案例，组织各类培训及研讨，提升合规意识。并定期对反贿赂管理体系运行的有效性进行检查，持续监督和管控在公司经营活动中的反贿赂合规风险。合规稽查部定期独立开展合规审计，督导业务单位自查并整改。

中兴致力于持续提升反贿赂管理体系建设，打造合规品牌；立足学界，联合律师界，协同商会，定期举办"合规大讲堂"，积极打造和建设行业合规生态圈。中兴还一直重视与国内外企业的合规交流，并与商业伙伴发展合作、共赢的业务关系，共同建立公平、透明、廉洁的营商环境，维持商业健康可持续发展。

在独立第三方评估机构 2018 年可持续性报告中，中兴反腐败与反贿赂合规政策与体系获得"双百分"。自 2018 年首次被纳入富时社会责任指数系列（FTSE4 Good Index Series）

以来，中兴在 2020 年连续第三次入选。其中，反腐败合规模块继续保持获得 5 分——满分评价，大幅领先国内企业（均分 1.7）和全球通讯设备供应商（均分 2.7）。

第三节　东方希望：不是正道，行之羞耻

作为伴随我国改革开放成长的第一批民营企业，东方希望集团（以下简称东方希望）于 1982 年创立至今已 40 年。从一个饲料起家的小公司成长为现在集重化工业、农业、商业地产为一体的特大型跨国民营企业集团。东方希望每一步都走得很稳健。

创始人刘永行，依靠着先进的理念，将自己的产业不断扩大的同时，又颠覆了整个行业的发展思路，也顺应了中国工业化的发展进程。

来自四川的刘永行，此前 40 年，一直在农业、电解铝、化工、水泥等传统产业里摸爬滚打，而他的创业之路，可谓"不走寻常路"。

从 1982 年"刘氏四兄弟"以 1 000 元创业起步，孵小鸡、养鹌鹑、做饲料，两次分家，到 2020 年，东方希望营业收入超过 1 256 亿元，位列"2020 中国民营企业 500 强"第 42 位，"2020 中国民营企业制造业 500 强"第 24 位。东方希望

悄然布局着庞大的商业版图。①

不声张、不宣传，几乎是悄无声息落下重笔。

这是古稀之年的刘永行掌舵的东方希望一如既往的作风。在农业和重化工业立足之后，开始将目光投向光伏产业，过去几年里，这家企业在新疆广袤的大漠戈壁中落足上游硅料，而在 2020 年春天，几乎是在一夜之间，它将光伏领域的竞争对象一下子锚定到整个产业链的关键环节，并成长为世界上技术最先进和竞争力最强的多晶硅生产企业之一。

刘永行将他的个人性格品质注入了东方希望这个企业的发展之中。

刘永行不喜欢将他看书学习、陪家人的时间，消耗在各种名利场和某些利益圈中。刻意结交权贵的那一套方法，对他而言，不是正道，行之羞耻。

但搞重化工业非常依赖资源，下属曾经向刘永行请示花钱搞公关，抠门得连一包茶叶钱都不会掏出来"做关系"的刘永行说："那是犯罪的事。我宁可慢一点，甚至不干了，也不想害人害己"。

刘永行自有一套与政府"相处"的准则：我认认真真做好企业，为地方纳税，解决就业，多做贡献；政府也都需要

---

① 刘永行"跨生命周期规划"：沙漠建"城"与碳中和．澎湃新闻，2021 - 06 -07.

干干净净的优秀企业来做经济发展的标杆、做社会责任的样板、政府政绩的保障。

自称不擅长处理政府关系的刘永行，悄然间将东方希望旗下 200 多个子公司的业务版图拓展到了中国 28 个省、市、自治区和越南、印尼、新加坡、柬埔寨等国家。

40 年的时间，在商业世界里几乎是"九死一生"的刘永行形成了自己鲜明的经营个性和从商理念。对他而言，眼睛里绝对不能揉进企业内部腐败滋生的沙子。

不法分子对企业的伤害由来已久，他们不断变换招数攻破企业的管理防线获取非法利益。企业内部人员利用手中的权力索贿、受贿，由于隐蔽性强，一些人甚至以为，一旦有风吹草动就离职跳槽，离职可以成为逃避打击的防火墙。曾几何时，东方希望对于腐败也是苦不堪言，而又束手无策。

由于企业没有执法权，在当事人不配合的情况下难以取得证据；还有内外勾结，参与欺诈、侵犯知识产权的犯罪行为，当企业发现利益受损，采取民事诉讼，保全证据难度大，时间一长各种证据消失，达不到打击犯罪的效果。

2017 年 2 月至 10 月，刘某某利用担任荆州市东方希望动物营养有限公司仙桃西及洪湖片区业务员的职务便利条件，将客户支付给公司的货款截留占为己有，以客户名义冒领货物，将销售所得款项据为己有，共计人民币 394 790 元，数额较大，其行为构成职务侵占罪，被判处有期徒刑一年八个月，退赔荆州市东方希望动物营养有限公司人民币394 790元。①

如果对腐败案件缺少有力打击，公司将会蒙受损失而无法弥补，这对于司法公正和公司健康发展都是极为不利的。换一个角度考虑，如果公司上下形成对于腐败露头就打、人人喊打的思想共识，那么，再隐蔽的手段也难以逃脱集体监督的慧眼。而这种意识的形成需要企业文化的长期浸润。

商无信不立。东方希望把诚信文化作为企业文化的重要内容，从企业文化的高度出发，大力宣讲东方希望以"诚信、正气、正义"为核心价值观的四大观念，通过法务、人事配合，从员工入职开始，就在劳动合同中约定廉洁条款，签署"廉洁自律承诺书"，从思想上、源头上杜绝违背廉洁自律的行为或事件发生。

在东方希望，员工都要学习刑法中关于商业贿赂、职务侵占等相关规定，主动提高法律风险防范意识，在工作和业务交往中，不接受或向有关单位和个人索取现金、有价证券、支付凭证或其他实物。特殊情况被动接受的，必须在事后48小时内如数上交公司。

集团在内部文件、各种宣传平台公布廉洁账户，同时也

---

① 刘某某职务侵占一审刑事判决书〔2018〕鄂1002刑初字220号，中国裁判文书网，2018 - 10 - 10.

制作了礼物接收与拍卖管理系统。员工在业务交往中收到的礼品，由员工自主登记，在内部网络平台上拍卖。员工在业务交往中收到的礼金，须主动交于集团廉洁账户。廉洁账户与礼品拍卖获得的资金，全部用于东方希望公益基金，援助遭遇生活困难员工和对受灾地区的公益捐赠。

员工违反"廉洁自律承诺书"的，将向用人单位承担5—10倍受贿金额或占有好处的违约赔偿金，情节严重的向公安机关报案处理。给用人单位造成经济损失的，由责任人予以足额赔偿。违规人失踪或潜逃的，用人单位有权通过律师函、报纸、网络公告、亲属告知等方式予以调查。

为鼓励员工参与到廉正合规建设之中，打击商业行贿。公司对收到商业贿赂案规定上缴廉洁账户的，予以50%的奖励，并进行集团通报表扬。根据上缴廉洁账户的线索，对行贿单位按双方签订的"诚信合作与公平竞争协议"，按照合同总额和违反合同的相应条款作出处罚，促进供应商与公司一道共同维护阳光诚信的市场环境，公平参与竞争。

此项措施的出台，不仅提高了员工参与廉正合规建设的积极性，对一些不法供应商也起到了震慑作用。

"抬头望见北斗星"，自古以来，人们都是依靠北斗星来辨别方向。监察审计就相当于集团的"北斗导航系统"，为集团健康发展指引正确的方向。集团大力加强监察队伍建设，监察审计人员就是企业的体检师，他们通过廉正合规体系建设，把公司、员工好的行为发扬光大，同时帮助企业发现问题，调整企业发展中的微小偏差。

无论在集团职务多高、无论为集团作出过多大贡献、无论有多深的感情，只要涉及诚信底线，就要启动调查机制。

为防范员工以权谋私，从"吃、拿、卡、要"到走上违法犯罪道路，集团一直以来就要求员工保持廉洁自律，对舞弊零容忍，鼓励员工走正道。在与员工签订劳动合同时，约定受贿、索贿500元以上就解除劳动合同。对涉嫌受贿达到非国家工作人员受贿立案标准的，主动向公安机关报案，积极配合公安机关调查，通过司法机关介入，将这些伸手要钱或者被围猎的干部，送上审判台，接受法律的审判。

打铁先要自身硬！如果企业经营过程中违反国家的法律、法规，必定不敢与舞弊做斗争。东方希望集团从2017年起，成立了合规委员会，从集团到子公司层面加强监督，对企业中违反法律、法规的事情进行检查和讨论，民主决策提出处理意见，接受员工违纪被处罚后的申诉材料，并集体讨论是否降低或者提高处罚的决定。

合规委员会成员实行两年任期制，既是一种参与管理、提供公平竞争环境的制度，也是一种培训教育的过程。亲身接触到因为舞弊违反公司制度被处罚的过程，加深了大家对诚信合规重要性的理解。

只有用身边的案例才能够对违法违规员工起到震慑的作

用。由于企业没有执法权，以前发生涉及经济的刑事案件，企业认为只要报案，由司法机关调查处理就算工作结束。

转变思路后，集团深刻地认识到：报案是廉正合规工作的开始。他们从公司抽调经验丰富、有高度责任感的员工参与廉正调查工作，并引进曾经在公安、检察院工作过的干部做指导，参与廉正合规管理工作，认真学习相关法律知识和办案要求，及时响应公安侦查过程中的需求，利用熟悉员工、了解客户的优势，协助参与取证，推进了案件的办理速度。

疫情期间，厦门市公安到公司做疫情防控宣传时提到，从来没有想到东方希望的廉正合规团队有这样高效的机制，积极配合公安机关跑了大半个福建省，不仅打消了客户的顾虑，还说服了部分公司客户向公安机关出具原公司总经理林某索贿 41.9 万元的证据，才将已经逃离厦门多时的林某绳之以法。最终，林某犯非国家工作人员受贿罪，被判处有期徒刑两年，成为东方希望创立以来第一个被判刑的饲料总经理。①

中国连续 11 年成为世界制造业第一，制造行业的健康发展意义深远。2019 年 10 月，阳光诚信联盟主办、东方希望协办首届制造行业廉洁合规研讨会，来自联盟的多家制造业

---

① 东方希望廉洁合规创新举措．互联网企业廉洁合规研究院微信号，2022－04－19．

企业廉洁合规负责人参加会议。集团董事长刘永行在会议开幕仪式上发表了重要讲话，阐述"鹤立鸡群的诚信"对企业发展的重要作用，也是向全社会公开承诺坚持诚信，合规发展。[1]

2019—2020 年，东方希望廉正合规管理扬帆启航，对查处企业内部舞弊案件起到了重要的作用。两年内部立案 49 件，其中涉及非国家工作人员受贿和职务侵占的案件为 51%，涉及生产销售伪劣产品和诈骗的案件为 25%，涉及盗窃案件为 12%，居前三位。通过报案配合调查，移送司法 63 人，首次实现了集团外人员超过集团内部人员，有效地震慑了严重危害企业健康的各类违法犯罪分子。

2021 年内部立案同比增长 21%，移送司法机关人数下降 35%，法院判决案件数量增加 60%，被判有罪人员 34 人，同比增加 100%。[2] 一批困扰企业的案件得到突破解决，作奸犯科的舞弊分子不再因为离职就能逃之夭夭。

在 2020 年阳光诚信联盟宣传月活动中，集团推出了东方希望廉正合规的 LOGO，以中国印章的形式，将廉正合规与集团 LOGO 中的 EAST HOPE 字样结合起来，彰显东方希望集团对廉正合规的要求，是集团价值观念和企业诚信文化的

---

[1]　阳光诚信联盟"2019 企业廉洁合规峰会"举行. 中国青年网, 2019-09-23.
[2]　东方希望 2021 年移送司法机关 26 人. 东方希望监察微信公众号. 2022-01-22.

一部分；廉正合规四个字的笔画巧妙地连接在一起，表明相辅相成，共同努力（参见图3-2）。

图3-2　东方希望廉正合规标志

就像机动车驾驶员上路必须有驾驶证，在东方希望工作，必须取得廉正合规认证，让每一个员工在廉正合规上有清晰的认识，有识别舞弊的能力和持续增加的免疫力，使大家远离舞弊的伤害。

2021年通过廉正IA系统，集团开展了网上合规认证，让每一个东方希望员工都能够方便地了解集团管理制度和要求，树立敬畏法律的意识，也是对执行廉正合规要求再做一次承诺，相当于打一次防范舞弊病毒的预防针。

廉正合规部门与人事部门协同作战，出台了配套的制度，对未能拿到合规认证的人员，将在晋升职务、增加薪资、获得荣誉、转正等方面受到更加严格的评估，集团的目标是超过70％的员工，能够拿到合规认证，形成一道对舞弊的免疫屏障，经过半年的努力，合规认证率已经超过85％的水平。

东方希望廉正合规工作，是建立在新时代依法治国的大背景下，结合企业文化的特点不断创新升级的过程，有坚实的文化基础，得到了绝大多数员工的积极支持。

40年健康稳健发展，集团成为改革开放中最早发展的民营企业代表，具有可持续性、可借鉴性。严格按照国家法律、法规要求的经营行为，在廉正企业文化的框架下寻求企业的发展壮大，不因为哪个行业有利可图就冲进去，也不因别人违法取得暴利而眼红，已经成为公司上下的共识。

第四节　海尔：诚信也是企业的品牌

海尔发展的历史就是一个民族品牌由小到大的历史。对于企业的品牌和声誉，海尔人将其视作自身的生命。

海尔的发展离不开一个人，就是张瑞敏。海尔的成长壮大深深地打上了他的烙印。

熟悉海尔历史的人都对张瑞敏砸冰箱的故事记忆犹新。

1984年，海尔的前身还是青岛电冰箱总厂。当时公司身负147万元债款，生存问题堪忧。张瑞敏这一年被任命为新厂长。刚上任不久，他将"名牌战略"作为海尔的目标。

一天，张瑞敏收到一封用户的投诉信，告诉他冰箱的质量有问题。在检查之后，张瑞敏发现库房中还有76台不合格的冰箱。他当即决定砸毁这76台冰箱。当时员工工资一月40

元，一台冰箱的价格 800 元，是员工一年半的工资。

这件事发生在改革开放初期，中国市场仍处于商品短缺的时期，消费者要凭政府配发的"票"才能购买冰箱。冰箱作为 20 世纪 80 年代的三大件（冰箱、彩电、洗衣机）之一，供不应求。在这个时候，很多企业快速扩张规模，却疏忽质量把控。海尔别具一格的做法，直接且真切地影响到了公司的员工对产品质量的理解和把控。

穿越时间长河来看，"造名牌"是一个具有前瞻性的战略。在当时一众冰箱品牌折戟沉沙时，海尔逐渐崭露头角，于 1990 年跨入国有一级企业行列，那年海尔冰箱产量突破 30 万台，产值突破 5 亿。1992 年 4 月，海尔通过了 ISO9001 国际标准认证，成为国内家电行业唯一的世界级合格供应商。

从专注主营产品，再到多元产品线，这是大多数企业必经之路。从 1984 年到 1991 年，海尔在这 7 年时间只做了冰箱一个产品。随后，张瑞敏提出"多元化"战略。将产品线扩展到洗衣机、冷柜、空调等白色家电。

2001 年 12 月 11 日，中国正式加入世界贸易组织（WTO）。利用这次历史机遇，中国企业加快了国际化步伐，海尔也把握住了这个机会。2005 年，海尔的海外拓展颇有成效。彼时，海尔已经进入了欧、美、日三大市场，出口到世界 100 多个国家和地区。在全球范围内，海尔有工业园 15个，海外工厂及制造基地 30 个，海外设计中心 8 个，营销网点 5.88 万个。①

发展起来的问题比不发展的问题要多得多，为了避免因企业发展带来的机构臃肿和管理成本增加，海尔的精力逐渐投放到内部组织改革。2005 年 9 月，在海尔全球经理人年会上，张瑞敏第一次正式提出将"人单合一"作为全球化竞争的新模式。此后十余年，海尔都沉浸在对这一模式的探索中。

所谓"人单合一"的意思："人"就是员工，"单"表面上是订单，本质是用户资源，表面是把员工和订单连在一起，但订单的本质是用户，包括用户的需求、用户的价值。

简要地说，通过组织变革，海尔形成扁平的公司管理架构。传统模式下，用户听员工的，员工听企业的，"人单合一"模式下，企业听员工的，员工听用户的。

组织变革搭建起了企业发展的四梁八柱，内部治理才是企业腾飞难以回避的机制问题。特别是企业发展中遇到的腐败问题，也是始终困扰海尔的重大问题。

王某某在担任青岛海尔空调器有限总公司研发部工程师期间，利用负责智能硬件技术储备、对供应商提供的设备进行验证、参与项目产品设计、开发等工作的职务之便，为深圳市宝思创科技有限公司谋取利益，共索取人民币 510 000

① 海尔：变革中失速 . 亿欧网，2019 - 08 - 19. http：//www.iyiou.com/news/20190819109464.

元，王某某于 2017 年 11 月 15 日向海尔集团自动投案，案发后向公安机关退缴人民币 548 000 元。

山东省青岛市崂山区人民法院认为：被告人王某某的行为构成非国家工作人员受贿罪，公诉机关指控成立；所提量刑建议符合法律规定，予以采纳。被告人王某某自愿认罪认罚，系自首，依法可以从轻处罚；被管人主动退缴全部违法所得，有悔罪表现，对其酌情予以从轻处罚且符合缓刑适用条件。最终，法院判决被告人王某某犯非国家工作人员受贿罪，判处有期徒刑 2 年，缓刑 2 年；随案移送的被告人王某某退缴的违法所得人民币 510 000 元，依法予以没收，上缴国库。

利用职务之便主动索贿，王某某这位工程师明知违法行为，却依然铤而走险。用权任性、无所顾忌，到头来自己锒铛入狱，得来的不义之财也竹篮打水一场空。在像海尔这类科技密集型企业中，此类技术人员腐败也是企业腐败的一种常见现象。本来凭借一技之长既能安身立命，又能获得别人尊重，贪念一生不仅让自己误入歧途，也败坏了公司风气。如何既能惩前毖后，又可治病救人？海尔对此开出的药方是打造诚信生态。

自从公司成立以来，海尔始终坚持以"诚信经营、规范治理、信息透明"作为核心理念，按照《公司法》《证券法》《上市公司治理准则》《上市规则》以及其他相关规定，持续优化企业管治，完善内部控制，打造诚信生态。

海尔致力于实现高标准的企业管治。不断完善现代企业法人治理结构，持续规范内部治理框架，积极营造良好的内外部治理环境，切实维护全体股东利益，促进公司的健康稳定发展。

集团建立由股东大会、董事会及其下属各专门委员会（包括战略委员会、薪酬与考核委员会、提名委员会、审计委员会与环境、社会及管治委员会）、监事会及管理层组成的规范有序的治理结构，形成了权力机构、决策机构、监督机构和执行机构之间权责分明、相互协调和相互制衡的治理机制，保障了企业管治高效合规（参见图3-3）。

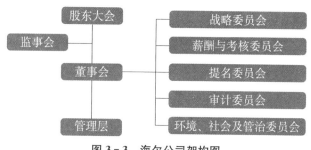

图3-3 海尔公司架构图

海尔通过整合全球用户资源和全球供应链资源，打造并发展环境友好、社会和谐的绿色产业链。他们相信良好的ESG（Environmental，Social，Governance，环境、社会和公司治理，简称ESG）管治在保障企业稳定运营、应对突发性危机与把握时代机遇等方面具有重要意义。

2020 年度，海尔智家^①在治理层、管理层与执行层搭建体系化 ESG 管治架构。公司董事会设立环境、社会及管治委员会（ESG 委员会），代表董事会对海尔智家 ESG 相关事宜进行全面监督并履行相关 ESG 管治职责。各 ESG 职能部门和业务板块最高管理者组成环境、社会及管治执行领导小组（ESG 执行领导小组），统筹、协调与指导各 ESG 职能部门共同推进 ESG 管理工作的有效落地，并向 ESG 委员定期汇报工作进展（参见图 3 - 4）。

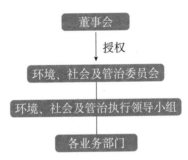

图 3 - 4　海尔智家 ESG 管治架构

海尔遵循董事会多元化政策，董事会候选人的甄选将基于多个多元化指标，包括但不限于性别、年龄、文化、教育

---

①　海尔智家是海尔集团在信息化时代推出的一个重要业务单元。它以 U-home 系统为平台，采用有线与无线网络相结合的方式，把所有设备通过信息传感设备与网络连接，从而实现了"家庭小网""社区中网""世界大网"的物物互联，并通过物联网实现了 3C 产品、智能家居系统、安防系统等的智能化识别、管理以及数字媒体信息的共享。

背景、行业经验、技术能力、专业资格及技能、知识、服务年限及其他相关因素。提名委员会负责审核董事会多元化政策有效性及执行情况。

为支持全球化战略落地并保障全球化业务增长，更好地管理业务发展相关风险，海尔参照上海证券交易所《上市公司内部控制指引》、财政部等五部委联合发布的《企业内部控制基本规范》和《企业内部控制配套指引》、香港联交所《企业管治守则》等指引内容，明确董事会、审计委员会、监事会及管理层在内部控制机制中的角色与责任，建立并持续完善风险管理及内部控制系统。

海尔按照一年一次的固定周期对内部控制体系的设计有效性和执行有效性进行大规模测试与自我评价，每年聘请中国境内年审会计师对财务报告内部控制的有效性进行审计，并对其注意到的非财务报告内部控制的重大缺陷进行披露。自我评价报告及年审会计师出具的财务报告、内控审计报告全文均上传交易所网站，接受各攸关方审阅与监督。

2020年，海尔智家纳入内部控制测试与评价范围的公司资产总额和营业收入占海尔智家合并财务报表对应项目的85%。董事会评估认为，海尔智家内部控制体系健全，执行有效，未发现本公司存在内部控制设计或执行方面的重大缺陷。年审会计师认为，公司于2020年在所有重大方面保持了有效的内部控制。①

　　"诚信生态"是海尔智家贯彻的企业精神之一。海尔深刻理解坚守道德标准在如今这个充满竞争和瞬息万变的全球商业环境中的重要性，并承诺按照最高道德标准开展经营活动。

　　海尔在全球范围内严格遵循各运营所在地有关反贿赂、反欺诈、勒索及反洗钱等方面的法律法规，设有专门团队负责反贪污和反舞弊工作，致力于营造诚信道德的商业环境。

　　董事会在内控内审部门、全球法务部门协助下，负责审查及监督本公司有关遵守法律法规的政策及措施。海尔制定并严格落实《员工行为准则》《海尔集团商业行为准则》《反舞弊工作章程》《供应商黑名单管理制度》等制度，每季度要求重要岗位人员签署"廉洁自律承诺书"，与供应商签订"廉洁协议"，敦促员工及供应商严守合规底线。

　　此外，海尔积极开展线上及线下反舞弊培训活动，培育公司廉洁文化。每季度组织全员参加警示片教育等培训活动、并针对风险较高岗位的员工进行强化培训，有效加强员工的廉政思想建设。通过 Newsletter（新闻信）对董事和管理层开展反贪腐培训，提高董事及管理层反贪腐意识。

　　公司亦对调查人员进行培训，以提升其反舞弊工作执行

---

　　① 海尔智能股份有限公司 2020 年度企业社会责任报告，http://smart-home. haier. com/cn/shzr.

能力。在全球，海尔通过全球法律峰会，进行反腐败专题分享，各区域法务亦不定期对相关员工进行反贪污培训，在培训过程中，重点提示当地反贪污高风险领域。

为了畅通检举揭发通道，公司制定《海尔智家生态平台吹哨人管理规范》，设立并向全体员工和供应商公开网络举报平台及举报邮箱，广泛地接受贪污、舞弊线索并及时处理，内控内审部门将对举报信息进行初步筛查与调查，任何犯罪嫌疑行为将移交法务部门进行依法处理。海尔亦设置了利益冲突申报途径，员工需每年主动申报亲属在公司及公司合作方的任职情况，减少或避免潜在的贪腐风险。

海尔人深知：必须把腐败像身体上的痈疽一样清除，只有诚信经营才能让企业的生命力更加持久。正如海尔集团创始人、董事局名誉主席张瑞敏所说：海尔应像海，为社会、为人类作出应有的贡献。只要我们对社会和人类的爱"真诚到永远"，社会也会承认我们到永远，海尔将像海一样永恒存在。

第四章　气象万千的零售业反腐

　　腐败不仅会在实力雄厚的制造业出现，也会在欣欣向荣的零售业滋生。因为腐败的链条从来就不满足驻足于生产领域，还会伺机向销售端蔓延。

　　改革开放四十多年来，流通领域变化最大的莫过于零售业，从计划经济时代的各种专业小店铺发展成业态齐全、形式多样、技术先进、日新月异的现代化商业。零售业加快了创新的步伐，各种新型业态、经营模式和经营理念不断涌现。

　　近年来，随着短视频的兴盛，短视频电商、内容电商、网红电商迎来春天，直播带货成为重要的零售方式，头部明星也纷纷入局，许多新媒体平台开通了电商功能，内容成为零售的重要流量入口。

　　零售企业要不断适应新的营销方式带来的变化。零售工具再也不像以前那样是由单一的物理渠道构成，而是成了天网地网的结合。

零售行业本就是低毛利行业，企业所获得的每一分利润都来之不易。而现实是零售企业相当大的一部分利润都被采购"偷"走了！一些零售企业的采购负责人表示，在相当程度上，零售企业微薄利润的波动甚至取决于对采购人员的管理是否到位。

陈某在担任壹佰米网络科技有限公司（以下简称叮咚买菜）水产采购部经理期间，利用负责公司水产品采购、引入水产供应商等职务之便，向多家供应商索要贿赂款共计人民币279万余元。

细节显示，2019年11月，时任叮咚买菜水产采购经理的陈某约供应商负责人董某见面，让其公司为叮咚买菜供应水产品，并签订了水产采购协议。

2020年1月，陈某让董某跟另一供应商曾某一起到宝山区某酒店房间内洽谈供应水产品。陈某跟董某说，除了合同上6.5%扣点，公司后台还有3%的费用，并交代董某转至他指定的账户。

值得一提的是，陈某为了规避商谈中被录音，在商谈时还把董某和曾某的手机收掉放在卫生间并打开自来水龙头。

此后，董某就通过其堂弟的账户，相继转账了182万元到陈某指定的账户。此外，被索贿者曾某的好处费也是经其手转账的，此次贿赂涉案资金共两笔，一笔是135 800元，另一笔是 200 000 元。①

中国民间有句俗语，"常在河边走，哪有不湿鞋"。但是越是"肥水"流过的地方，站在河边的人就越容易"湿鞋"。

在很多互联网巨头内部，只要涉及采购或者商家运营，贪腐就很难避免，而零售业更是重灾区。

这其中的关键原因，更多是供销双方的不平等合作关系造成的。

电商时代，因为占据流量高地，电商巨头们掌握巨大话语权，渴望转型的零售商或者商家，迫不及待想要登上这艘大船，这也给公权私用滋生了土壤。在供货商眼里，和零售商内部个人进行私下交易会降低成本，通过这种方式可以实现"低投入、高产出"。

腐败扭曲了零售业的经济生态，使得零售业陷入了亚健康发展状态，并且极易引发法律和道德风险。

企业反腐是"世界性的难题"，而民企的反腐难度也远大大于国企。无论是否上市公司，都需要完善内部治理和监察等制度，加强职业经理人队伍建设，最关键的是要建立清清爽爽的供销关系。

2018 年 8 月 9 日，在盒马（中国）有限公司（以下简称

---

① "叮咚买菜"采购经理被曝索贿细节：商谈时怕录音，要求手机放卫生间．信息新报，2022－03－11．

盒马）供应商伙伴大会上，盒马CEO侯毅对准了传统零售业火力全开，在侯毅眼里，零供关系在中国存在严重的失衡问题，中国零售业不是消费者导向，而是供应商利益导向，供应商给什么零售业卖什么。这样的情况就会滋生腐败。

供应商利益导向往往会建立一整套的灰色制度，甚至建立一套冠冕堂皇的制度，搞成多渠道建设，比如重点客户渠道、餐饮渠道、批发渠道……正因为这些渠道建设而让零售商坐享其成，造成零售业今天普遍的腐败问题。

侯毅呼吁回归到零售的本质上来："零售业为了保证利润，把风险转嫁给经营者，零售业便仅仅只是一个房地产经营商、柜台经营商、货架经营商，而不是面向消费者来经营商品、建渠道，这一现象要彻底改变。"

于是，盒马将推出买手制度，建立起强大的全球买手团队，从全世界进行采购，这也是盒马新零供关系的核心。盒马承诺不向供应商收取任何进场费、促销费、新品费等渠道费用，但是供应商必须把价格实实在在给盒马。

敢说敢做的侯毅，撕下来了隐藏在供销关系背后的利益链的黑幕，并向同行没发出了振聋发聩的呼喊："不改变的一定被放弃，哪怕是全球第一品牌。"

对于同供应商的合作模式，他也开出了自己的"药方"：一是建立新零售渠道，希望实实在在的价格让利给消费者。二是跟供应商建立信息互通，数据共享，确保上下游的信息一体化。三是建立原产地和食品追溯地的体系。四是取消中间环节，提高供应链效率，减少成本，让利给消费者。

是时候刹住企业歪风、降低企业内耗的时候了！零售业的反腐正在如火如荼开展！

第一节　安踏：科技硬实力，反腐软实力

为期 16 天的北京 2022 年冬奥会圆满落下帷幕，在两周多的时间里，"双奥之城"北京为全世界呈现了一场精彩绝伦的冰雪盛宴，而东道主中国代表团也创造了 9 金 4 银 2 铜的历史最佳成绩。

中国健儿获得的这 15 枚奖牌背后，全部有安踏比赛装备科技助力的成果。值得注意的是，安踏（中国）有限公司（以下简称安踏）连续合作 8 届奥运会。

作为运动健儿"穿在身上"的品牌，安踏有何底气获此殊荣？又为何能频频出圈？从平昌冬奥会的 1 枚金牌到四年后北京的 9 枚金牌并跻身奖牌榜前三，安踏提供本届中国队获得全部奖牌的比赛装备与之背后的科技赋能。

如果说，夏奥会是运动品牌秀场，那么，冬奥会就是高端专业运动品牌真正的"竞技场"。不管是从申报条件，还是从各个比赛项目的难易程度来看，冬奥会或许都要"更胜一筹"。这背后对运动装备的性能提出了更高的要求。

夏奥会对运动装备的要求并不高，如田径项目，只需赛事制服具备透气性好、舒适即可。但冬奥会对运动装备的要求就极为严苛，既要求能保暖御寒，同时又要满足防水要求。

由安踏自主设计研发的短道速滑比赛服，采用了先进的空气湍流控制减阻和边界滑移减阻技术等四大减阻黑科技，相比普通滑冰服，减阻力提升 5％～10％。并且采用最新 360 度全身防切割技术，突破传统局部防护，多次在比赛中保护武大靖、任子威等中国运动员免受冲撞造成的伤害，也获得了"冰上鲨鱼皮"的美誉。

安踏践行"永不止步"的品牌理念，随着在运动科技上的不断突破，安踏累积获得超 1400 项产品专利，也逐步取代外资被越来越多的中国国家队选择。北京冬奥会赛场的 15 个分项中，安踏为 12 支中国参赛队打造比赛装备，成为中国队在冬奥会的最大助力。①

安踏腾飞的背后不仅具有科技创新的硬实力，还有内部控制的软实力。"安心做事，踏实做人"，是安踏人一直秉承的价值观。公司在员工教育、管理制度、文化宣传等多个场合，三令五申要求全体员工应有诚信意识、廉洁意识、法治意识，风险管理委员会和诚信道德委员会也为公司反腐倡廉

---

① 安踏包揽冬奥会中国全部奖牌装备 引发外媒高度关注. 搜狐网，2022－02－25. http：//biznews. sohu. com/a/525348619＿121198369.

提供了法律保障和武器手段。

对于腐败行为，安踏的决心是"不动摇"，态度是"零容忍"。法网恢恢，疏而不漏，员工一旦有贪腐行为，不论是被动受贿还是主动索贿，或者挪用资金、盗窃、费用舞弊，无论时间过去多久，只要有行为发生，他们终将付出代价。

2021 年 4 月，安踏集团在反腐反舞弊的举措和制度上进行了全面的升级，并获得了集团管理委员会通过。

第一，集团成立诚信道德委员会，联合集团审计监察部、集团法务部、集团事务部、集团财务部、集团人力资源部的力量，加强集团诚信道德建设，坚决捍卫廉洁经营的企业氛围。为集团进行诚信道德建设、规范诚信道德制度、宣传诚信道德工作的同时，持续建立强有力的内控防线。[①]

第二，加大举报奖励力度。集团通过员工签署"廉政自律承诺书"，在与员工的劳动合同中加入反腐规定，明确员工奖惩管理制度中的处罚规则，对员工进行约束。同时，安踏集团也通过反腐奖励机制，鼓励员工及合作供应商主动举报腐败。

第三，新增"供应商廉洁责任条款"。在对外的合作中，供应商若违反廉洁责任条款，从违规日起，按照所有订单总

---

① 安踏集团成立"诚信道德委员会"，举报腐败最高奖金可达 100 万 . 北京商报，2021 - 04 - 27.

金额的 15％（上限）或 100 万元支付违约金。

第四，自发性的行业共治。2019 年，安踏集团就加入了"阳光诚信联盟"，与 600 余家企业联合为反腐败发声，承诺拒绝录用违背职业道德的失信人员，牢牢坚守底线。对于敏感岗位，安踏集团建立起高风险岗位轮岗机制，符合岗位范围的员工在同一岗位任职超过三年须轮岗，以防患于未然。

安踏集团的愿景是成为受人尊重的世界级体育用品集团，受人尊重，也是每位员工在工作中的追求。受人尊重，首先需要有正确的行为，需要坚守道德底线，杜绝腐败行为，除了追求自身的发展，更要坚持正确的人生观、价值观、世界观、职业观、权力观、财富观，观观都正。

2017 年 7 月 30 日，安踏审计监察部公布了《安踏举报奖励制度》。如外部供应商遇到索贿、受贿的情况，向审计监察部举报，经查实后最高可得 100 万奖金。

据悉，在面辅料竞标当中，存在不少黑幕和关系户。很多产品和服务质量上等的供应商被无视甚至打压，无法得到更好的发展。为遏止此现象，安踏要求负责采购的供应商管理部员工不能与供应商存在关联关系；通过他们的招投标后还有定期考核；考核结果还会进行公示。

同时，安踏内部有一支专业的审计监察队伍负责公司的举报事务，还有专门针对举报人的举报保护机制。

首先，作为反腐调查的专职部门，审计监察部是得到安踏审核委员会任命并独立于管理层的，这在治理结构上就保证了他们在反腐工作上的独立性和客观性；其次，他们在受理举报信息、登记、保管、调查等各个环节上都有严格的保密措施，并由具备专业技能的专职调查人员组成；最后，对于实名举报的供应商，他们会提供多重保障，包括豁免过往违规行为继续与之合作、与举报单位共同推进双方业务持续稳健发展等。

"盖天下之事，不难于立法，而难于法之必行；不难于听言，而难于言之必效。"①

规章制度是公司赖以生存的体制基础，是公司管理思想、经营活动的体制保证。制度的生命力在于执行，执行的关键在于执行力。

教育千次，要求万次，不如问责一次。有些制度之所以难落实，很大程度上是因为违反制度的行为没有受到及时惩处。违规问责执行力不够，导致员工不重视，不断触碰贪腐高压线。

根据"廉洁安踏"微信公众号披露，2019 年安踏集团审计监察部共查处两大案件；举报调查 53 起；审计巡视 49 项；反腐宣贯 19 场；2020 年即便在新冠肺炎疫情的影响下，安踏集团审计监察部共查处 1 件案件；举报调查 129 起；审计

---

① 张居正. 请稽查章奏随事考成以修实政疏.

项目 12 项；巡视项目 13 项；反腐宣贯 6 场。

腐败源自贪念，从基层员工到身价千万的高管，总有人经不起诱惑，走向贪腐的深渊，自食其果。我们身边熟知的民营企业里，因为贪腐最终断送了自己的职业生涯的反面案例比比皆是。

"莫伸手，伸手必被抓"。集团审计监察部在 2021 年二季度供应链专项巡视及三季度"回头看"时发现，集团鞋采购斐乐成人营运部副总监邹某某，利用职务之便营私舞弊，持续、多次向供应商索贿，金额巨大，影响恶劣，已涉嫌违法犯罪。11 月 3 日，晋江市公安局以涉嫌非国家工作人员受贿罪，在厦门安踏营运大楼内，依法将嫌疑人邹某某刑事拘留。

企业因职务腐败造成的企业巨额隐形成本成为企业发展的巨大阻碍，供应链环节由于交易环节利益较大，易被入侵而成为了贪腐重灾区。

在行业中，职务腐败行为人与部分供应商形成了互相利用共同体，以至于供应商宁可失去企业后续的订单，也不愿意协助打击贪腐，反而将被辞退的涉贪腐人员推荐给其他企业继续进行利益输送。

由于企业贪腐存在隐蔽性强的特点，往往都是一对一的交易，如果行贿人不举报，很难发现，因而很多人有侥幸心理。

在供应链反腐案中，职务腐败问题可以对整个产业链产生多大影响？据悉，从原材料采购、加工半成品到最后成为企业可用的零件，即使每一环节的腐败使得采购成本只上升5%至10%，经过三层产业链到达企业时，成本在无形中增加了16%至33%。因职务腐败造成的企业巨额隐形成本甚至成为企业生存攸关的大问题。[①]

为此，安踏在集团内部掀起了一次次"反贪风暴"，集团董事局主席兼CEO丁世忠笃定地说，"一个组织，一家公司，只要有腐败行为存在，就无法很好地发展。安心做事，踏实做人，是安踏人要秉持的价值观，诚信是安踏的底线，更是坚守。"

第二节　伊利：反腐是一座不灭的灯塔

在乳制品赛道上，伊利股份是当仁不让的龙头。

关于伊利的历史，最早可以追溯至1956年。当时，呼和浩特回民区成立养牛合作小组，并在1958年改名为"呼市回民区合作奶牛场"，拥有1 160头奶牛，日产牛奶700公斤，职工人数117名，这就是伊利的前身。

1993年2月，呼市回民奶食品加工厂改制，以定向募集的方式设立伊利集团，随后更名为"内蒙古伊利实业股份有

---

① 安踏自曝"家丑"供应链贪腐成重灾区. 证券日报，2021－11－09.

限公司"（以下简称伊利），主要从事各类乳制品的生产、加工及销售业务，并于 1996 年 3 月在上交所挂牌上市，成为全国乳品行业首家 A 股上市公司。

历经二十多年的历练成长，公司现已坐稳了全球乳业第一阵营，并多年蝉联亚洲乳业第一，也是我国规模最大、产品品类最为齐全的乳制品企业。

企业文化是企业的灵魂，是推动企业发展的不竭动力，为贯彻落实诚信正直的企业文化，确保"知言行"的高度统一，公司重新修订发布了《伊利集团员工奖惩制度》，再次明确了"伊利高压线"是伊利文化不能容忍的行为底线，是与伊利文化和价值观完全背道而驰的行为。

令人惋惜和痛心的是，仍有极少数员工及合作伙伴未能抵挡住利益诱惑，利用职权作出了损害公司利益的行为，甚至一步步迈入违法犯罪的深渊，对其自身及家人都造成了无可挽回的伤害。

2020 年度，伊利集团审计部共查处违法案件 10 起，其中 8 人被辞退，10 人因涉嫌违法犯罪被移送公安机关。

在相关案件中，伊利的供应商或业务合作伙伴向伊利公司工作人员行贿，或者通过其他手段谋取不正当利益的，都将被列入伊利黑名单，永不合作，不再接受其提供的任何产品或服务。如违反国家规定，还要移交有关机关处理。

诚信是为人立身之本，诚信亦为企业生存之道！伊利集团将诚信正直定为伊利人才素养的核心内容，积极营造风清气正、简单透明的组织氛围，让员工能集中精力、心无旁骛地投入到工作中，促进员工更好地成长；同时营造公平、公正、公开的合作环境，更好地保护合作伙伴的利益，促进彼此共赢发展。

目前伊利集团已构建的反舞弊全生命周期防控体系，以"事前重点预防、事中强化监督、事后严厉追责"为方向，始终要求各级管理人员发挥"灯塔"的作用，高度重视反舞弊工作，并以身作则，廉洁自律，严格管理团队，不断强化意识、加强管理、完善制度流程，营造清正廉明的工作氛围，创建求真务实的营商生态。

伊利集团对于违反"伊利高压线"的行为，始终秉承"零容忍"的态度，坚持依法依纪、实事求是、重拳打击。2021年伊利集团紧密围绕战略规划，以查促建，惩防并举，并履行法定义务，配合司法部门调查，追究相关人员法律责任。

2021年度伊利集团共查处违法案件7起，其中伊利集团与11名员工解除劳动关系，6人涉嫌违法犯罪已被司法机关追究刑事责任，4家外部合作伙伴中涉嫌违法犯罪人员已被司法机关追究刑事责任。

2021年6月5日，由华东政法大学刑事法学院、华东政法大学中国法治战略研究中心、华东政法大学互联网企业反腐败与合规研究院主办的首届"民营企业廉洁合规创新奖"颁奖典礼暨"民营企业廉洁合规创新高端论坛"在上海市举行。

"民营企业廉洁合规创新奖"是由华东政法大学刑事法学院、华东政法大学互联网企业反腐败与合规研究院共同组织，该奖项面向全国民营企业单位，公开征集廉洁合规创新企业、创新项目与优秀个人，是国内首个民营企业廉洁合规领域的学术与专业奖项。

该奖项由评审专家按照创新性、组织性、引领性、推广性、专业性和成长性等六个标准，对入围项目进行独立投票和打分。经过严格的评选，伊利集团荣获"廉洁合规创新奖"、"最佳创新项目奖"及"创新先锋人物奖"三项大奖，成为获得该奖项的唯一一家食品企业。

近年来，伊利集团开展了"阳光行动""雷霆行动"等一系列反舞弊宣传教育活动，以及重点领域的反舞弊专项调查和整治行动。"全员参与、全方位查处、全面从严整治"的反舞弊理念及实践逐步深入人心，有力地保障了公司的平稳健康发展。

为与产业链合作伙伴形成更为诚信、合规的合作，净化营商环境，公司还全方位开展了"清风行动"，有力地促进了廉洁生态产业链的建立。在"清风行动"中，伊利集团全面排查了外部合作方，重点预防、打击了违规准入、利益关联、不诚信经营等行为，这不仅斩断了内外部利益输送的潜在风险，而且净化了整个产业链的合作生态，形成了积极的示范效应。①

同时，伊利集团通过"清风行动"，积极开展自查自纠，为业务单位进行反舞弊合规赋能，营造了风清气正的良好氛围。

第三节　孩子王：企业监察官也需要"执照"

最初关注到"孩子王"这一品牌的名字，是在 2018 年入选哈佛商业评论"拉姆·查兰管理实践奖"名单中。

两年之后的 2020 年，孩子王儿童用品股份有限公司（以下简称孩子王）平均每 1 天，就增长 5 万多位"宝爸宝妈"会员；平均每 4 天，就有 1 家孩子王大型数字化门店开业，2020 年，全国近 500 家门店运营数万个社群，服务了全渠道会员超 4 300 万人。

这家企业硬是在一个长期处于散点的母婴市场里切出了一块最大的蛋糕。

商业环境激变下的每个企业宛如身处黑暗森林，生存是

---

① 伊利集团反舞弊三级协同防控体系建设. 互联网企业廉洁合规研究院微信公众号，2022 - 04 - 26.

文明的第一需要，企业只有解决了如何"活得久""活得好"的问题，才谈得上增长和扩张。

"活得久"解决的是社会问题，能为社会创造价值的企业就能活得久；"活得好"要解决用户的问题，用户愿意花钱买单，企业就能活得好。那社会问题到底是什么问题，孩子王联合创始人兼CEO徐伟宏把它定义为一群人的问题，能解决一群人的共同需求的问题就是在解决社会问题。

成人的需求是离散的，而母婴的需求基本上相关性极强。一个婴儿喝惯了某个品牌的奶粉之后你给他换一个牌子他不吃，然后每天用几块尿布，平均几个月长到几厘米，要换多少码的衣裤……这是一个必然的需求。

垂直领域数据的相关性给孩子王带来了巨大的机会，因此创造满足的机会比别人容易。所谓创造满足，可以理解为把已有的众多的类似的用户经验分享给即将有需求的用户，让他们产生购买行为。会员制是频率和创造满足的载体，基于此，孩子王自然而然成为一家重视会员制的公司。

孩子王从一开始便打破了电商和传统零售商思维：把商品和服务卖给越来越多的人的经营模式；孩子王是围绕一个特定的人卖越来越多的商品和服务，在商业界首次创造了"单客经济"模式。

孩子王在2016年至2019年年均复合增长率达到27.5%，

2020 年在疫情的影响下，依然实现规模性增长。

很多人惊讶孩子王的行业另类模式而获得规模性成长。

究其背后获得高速增长的关键因素就是认知破解。传统认知在于，用高性价比的爆品吸引消费者的流量打法，用互联网拓宽流量入口，争夺有限流量。

孩子王的商业认知：通过大数据＋全场景＋专业级的育婴师，深度服务好顾客，持续高频地和顾客互动，互动产生感情和黏性，深度经营顾客关系，社交的方式引导顾客创造顾客……这种反流量的思维反而自造了流量，如此循环，孩子王在流量战场中成为独树一帜的"单客经济"模式。[①]

孩子王的快速发展，根本上是取决于创始人的认知破界，打破认知边界让孩子王"生而不同"。

作为在母婴市场快速崛起的一支力量，孩子王始终重视社会责任和内部控制，坚决维护企业品牌形象。

讲诚实，守信用是中华民族的传统美德，是企业持续发展的不竭动力，是员工不断实现价值的道德基础。

诚信，是孩子王企业文化的基石，是全体孩子王人的行为准则。为强化员工诚信自律意识，弘扬诚实守信的传统美

---

① 商业模式深度分析：典型新零售独角兽之孩子王. 搜狐网. http://sohu.com/a/285028561_120055749.2018－12－27.

德，孩子王监察中心向公司全体人员发出倡议。

全体孩子王人始终坚持"以诚待人、以信立业"的理念，积极践行并弘扬诚信精神，以身作则，对身边的同事起到良好示范作用，自觉抵制各种失信行为，努力共建共育孩子王诚信文化氛围。

诚信有助于树立企业的良好形象，提升品牌的竞争力，但是光有诚信还不够，还必须让员工时刻存戒惧、知敬畏。总之，"软"的一手和"硬"的一手要同时具备。

趋利避害的自利性是人性的一面，利他性则是另一面。人性的这一对矛盾相互对立，相互依赖。在人性进化的长河中，自利性是本能，利他性是潜能。潜能赖于后天的学习和培养，社会文化氛围对它的影响极大，利他性与自利性是为了人类生存的需要而联姻的。在人类社会生存和发展的过程中利他性被逐渐地构建于人性中，并通过各种社会制度将自利性规范于一定适度的范围内。

孩子王注重对于员工利他性习得的培育，在公司每一名员工都被教育要严格遵守国家各项法律法规；严格遵守并奉行孩子王"爱、义、融、知、行"的企业价值观；严格遵守公司各项业务流程以及《员工手册》之各项管理规定；严格遵守并执行《孩子王反腐败管理制度》各项规定。

同样不能忽视的是，反腐败工作的背后离不开一支高素质的专业团队。

孩子王监察中心作为公司一级职能中心，肩负着企业廉正合规战略健康发展的使命，拥有公司唯一授权监督稽查调查的职权，这就要求全体监察人员要有铁一般的信仰、铁一般的信念、铁一般的纪律，听从指挥、作风优良、纪律严明，并朝着标准化、专业化、职业化发展。在此背景要求下，孩子王监察中心首创"企业监察官体系"，确立了监察中心组织的愿景、使命、价值观，颁布了《孩子王监察官纪律条令》及《监察官星级管理制度》，推动了孩子王企业监察官队伍的正规化发展。

监察官执照是孩子王监察官履行职务的凭证及身份的象征。基于系统培训及严格考核的要求，以"一好三高"的监察人才标准层层选拔，确保全员具备优秀监察官条件，"持证上岗"。监察官执照由持证人的姓名、工号、徽章星级、有效期和管理记录组成，并加盖公司印章和持证人照片，由监察中心总监室统一管理发放。

监察官星级是以监察官的岗位职级作为评定和晋升的标准，徽章星级与监察官职级相对应。星级徽章是孩子王监察官特有的身份象征，正面为孩子王标志色、印有盾形监察中心标志，背面烫金的 3D 金属徽章。孩子王监察官星级徽章共分 6 个等级，即：五星监察官、四星监察官、三星监察官、二星监察官、一星监察官、实习/试用期徽章。

目前零售行业的反腐败队伍建设都会存在不同程度的内

部人员管理问题，但究其首要问题，是人的问题。孩子王监察中心制定出符合孩子王的监察官管理体系，在行业中率先提出队伍建设的先进理论与管理体系，得到了行业的高度认可。

孩子王的监察官体系借鉴军事化管理的理念，将军队的管理理念进行商业化应用，强化组织纪律意识，先后制定了《四项基本原则》《八项禁令》，从而达到快速提升团队的凝聚力和执行力的效果，在搭建相互沟通、密切配合平台的同时提高团队工作效率、增强团队综合素质。

监察官的星级越高意味着职级越高，职级越高也意味着责任越大。每一位佩戴星级徽章孩子王监察团队成员都意味着要时刻接受使命、牢记职责、承担责任、捍卫公司合法权益。

作为中国母婴童商品零售与增值服务的领导品牌，孩子王凭借丰富的行业经验与资源，以技术为驱动，以客户为中心，通过商业模式不断创新，构建顾客与顾客、员工与顾客、商品与顾客间强关系，将实现业务、产业、生态三个层级的突破与发展。

着眼未来，孩子王将力争实现"基于用户数字化的百亿级、基于本地生活和服务数字化的千亿级、整个婴童产业数字化的万亿级"三圈的全面覆盖，开创新零售时代。

第四节 钱大妈：反腐败给了"不卖隔夜肉"的底气

从 2012 年在东莞开出第一家猪肉专卖店，到 2022 年全国门店总数接近 3 300 家，广州市钱大妈农产品有限公司（以下简称钱大妈）仅仅用了 10 年，销售品类扩展到蔬菜、水果、肉类、水产、熟食 5 大类别，超过 500 种优质产品。

生鲜是居民一日三餐的必需品，但是供应链要求却极为苛刻。以猪肉为例，从生猪繁育、养殖、屠宰、加工、包装，到物流运输、流通销售等环节，都可能产生损耗。养殖中一场生猪"高热病"就会导致生猪大量死亡，屠宰加工后的猪肉储存不当极易产生腐烂变质，运输过程中猪肉也容易被挤压、被污染。当一盘猪肉大葱水饺摆上餐桌，背后的猪肉供应链管理殊为不易。

窥一斑而知全豹，生鲜零售并不是一门容易做的生意，生鲜产业链的上下游零散，生鲜产品的流通链条长、标准化程度低，行业最大的痛点便是保鲜的同时降低损耗。然而，正是在这种产业背景下，钱大妈喊出了"不卖隔夜肉"的口号，通过"定时打折"的清货机制，当天到店的所有生鲜商品坚定落实"日清"模式，决不隔夜销售。

钱大妈创始人冯冀生曾谈到如何用十年发展为中国生鲜

社区连锁行业的领航者。首先，钱大妈在新鲜方面赢得了消费者的心智；其次，钱大妈的门店足够小，能够开到小区门口，作为"家门口的菜市场"，解决了消费者买菜这个高频刚需的便捷性问题；最后，钱大妈在保障产品新鲜和安全的前提下，追求极致的性价比，低毛利率是最好的护城河。①

低毛利率也就意味着一旦在供应链环节发生腐败事件，对业务的发展极为致命。而供应链贪腐在各行各业中屡见不鲜。2019 年 6 月，曾担任蓝思科技董事长助理的郑某某被查出收受供应商巨额贿赂。浏阳法院的判决显示，郑某某于 2014 年 2 月至 2019 年 5 月间，先后担任蓝思科技浏阳园区采购部总监、采购部（三园区合并）总监、董事长助理、中央采购部总监等职务。在此期间，郑某某利用职务之便，多次收受多家供应商财物，共计 5 541 460 元。② 由于相关供应链利益巨大，收受其中一家公司竟然多达 250 万元，而毫无疑问的是，供应商的这些"额外付出"必然转嫁给蓝思科技。

内有狈，外有狼，当企业内的人员与供应商形成了互相勾结的利益关联关系时，因贪腐给企业造成的直接损失和间接损失难以估量，如果供应商提供的产品再以次充好，还会

---

① 钱大妈十周年：专注"日清"保持领"鲜"，未来聚焦科技赋能、产品打造. 每日经济新闻，2022 - 06 - 16. https：//baijiahao. baidu. com/s？ id＝1735792524394 359596&.wfr＝spider&.for＝pc.

② 供应链贪腐案为何频发：涉多家行业巨头大疆称损失超十亿. 澎湃新闻，2020 - 09 - 26. https：//www. thepaper. cn/newsDetail ＿ forward ＿ 9346338.

失去消费者的信任，影响企业的口碑。从原材料采购、半成品加工、仓储运输，到最后成为企业可销售的产品，即使每一环节的腐败使得采购成本只上升 5%，经过三层产业链到达企业时，成本在无形中就增加了 15%，这对于低毛利率的业务来说就像一条条蚂蟥附身，不及时发现、不及时铲除，维持自身运转的血液早晚会被抽干，甚至影响到造血功能。

2016 年 1 月至 2019 年 5 月，刘某在担任钱大妈副总经理期间，利用其负责公司采购业务、品质管控等职务便利，以不续约、产品下架、罚款等为由，向公司的多个供货商索贿、受贿共计人民币 5 399 138.90 元，其中，索取、收受了广州永锋农产品发展有限公司等公司代表杨某人民币 208 762 元、广东三天鲜畜牧有限公司等公司代表毛某人民币 620 376.9 元、龙南县峰桦山谷农业有限公司代表黎某人民币 1 780 000 元、开平市能生农业有限公司等公司代表何某人民币 1 540 000 元、深圳超跃食品有限公司代表祝某人民币 1 250 000 元。后刘某用上述贿赂款购买了位于广州市、荆州市、武汉市的 3 套房产。①

2019 年 9 月 25 日，刘某在湖北省武汉市被抓获。经法院判决，刘某犯非国家工作人员受贿罪，被判处有期徒刑 12

---

① 刘某非国家工作人员受贿一审刑事判决书（2020）粤 0105 刑初 116 号. 中国裁判文书网，2021 - 11 - 20.

年，并处没收个人财产 500 万元。

如何应对腐败？如何保护企业健康发展？钱大妈给出了自己的答案。

2019 年，钱大妈成立了审计监察部。到 2020 年底，审计监察部的职能已经涵盖内部审计、流程规划、数字化监控、腐败预防、腐败打击、廉洁文化、稽核改善、法律支持、危机管理、风险防范，随着职能的进一步扩大，审计监察部更名为内控中心，并将中心内各职能打通，对企业内部控制形成事前预防、事中控制、事后处理的有效机制，改善内部运作环境、健全管理体系、营造廉洁文化氛围。

自 2019 年以来，钱大妈内控中心共查实 311 起腐败案件，其中侵占类案件 108 起，受贿类案件 52 起，偷盗类案件 37 起，违规违纪类案件 33 起，费用异常类案件 29 起，欺诈类案件 28 起，利益冲突类案件 24 起，挽回直接经济损失一千万余元。

正是钱大妈对腐败坚持"零容忍、人人反腐、连带追责制"的态度，对腐败事件发现一起、查处一起、追查到底，让员工、供应商、合作伙伴、客户共同参与反腐工作，保障供应链的阳光透明，有力支撑了钱大妈在生鲜零售赛道的百亿估值。

除了对腐败人员强势打击，钱大妈还非常重视腐败预防工作，公司设立廉洁文化大使组织、诚信讲师组织，扎根于业务部门及地区，协助传播廉洁文化。建立"廉洁钱大妈"

微信公众号,不定期发布案件调查通告、钱大妈反腐制度、廉洁节假日提醒等文章。对内、对外积极开展廉洁培训和宣传活动。例如每年9月的大型廉洁宣传活动、重大刑事案件通告会、管理层参观监狱警示活动等多种多样的培训宣传活动,致力于向员工及合作伙伴宣传廉洁诚信意识。特别值得一提的是,钱大妈还联合广州市海珠区经侦大队拍摄微电影《反腐风云》,从编剧、选角、表演、布场、创意等均由内控中心监察部主导完成,拓宽了廉洁教育的方式。

此外,由副总经理程堂根牵头,钱大妈积极探索反腐败的数字化建设。2022年,内控中心数字化风险管理平台上线,涵盖公司风险库、风险跟进平台、采购风险管理平台、供应链风险管理平台、门店风险管理平台、流程管理和自查平台、风险事件管理平台、内控中心工作管理平台、风险案例库、个人工作台十大模块,构建了一套从供应商准入到终端销售及企业运营全过程风险数据化监控体系,并包含了审计、监察、风控、流程等模块不同权限操作场景,成为内控中心从数据化、自动化、可视化逐步实现智能化的关键一步。2022年1月上线后的半年时间,经数字化平台筛查出异常数据,并进一步调查处理的事件累计挽回经济损失164万余元。对于反腐败数字化建设,钱大妈完成了从0到1的初步探索,日积月累,必然会给企业乃至整个行业带来更多益处。

　　反腐无小事，对于零售企业来说同样如此，企业开展反腐工作也从来不是与业务发展掣肘，而是为业务健康持续发展提供保障。单就供应链管理而言，如果开展有效的反腐工作能够降低 15％的供应链成本，还能保障产品质量，那这场民营企业的反腐工程就必然成为企业内部治理工作的重中之重。

第五章　利析秋毫的服务业反腐

本章试图分析总结服务业的反腐方法论，但事实证明，服务业的范围太广，腐败样态清奇，反腐策略更是各有千秋。我们选择了其中有代表性的酒店服务业、金融服务业、餐饮服务业以及物流服务业，这些与现代社会息息相关的领域。

先从居住说起。

居住是个古老的词汇，随着人类的进化和社会的发展，以居住为基础，社会发展衍生出了房地产业、地产物业、酒店业、装修业、家具业、房地产经纪业等。演变到现在便越来越细分，功能也越来越多样、思路越来越清奇。

从"塑造记忆"四季酒店，到新崛起的亚朵、秋果，还有不断努力的民宿，都致力于为旅者在陌生世界里提供个小主场，或是为原住民在熟悉世界中打造未知。

于是，阿那亚控股集团有限公司（以下简称阿那亚）把广告投放在北京流量最高的地铁线，却把物业融合到自然里。入住阿那亚的社区，无论是酒店还是民宿，瞬间获得社区原住民身份——你有客房 500 米之外的沙滩小礼堂，你有孤独图书馆、星空和海滩，连社区的友善和热闹也能体验，阿那亚在认真地贩卖鲜活的情调——一线城市新中产需要逃离片刻都市的繁忙与喘不过气的绩效考核。

作家廖信忠去了趟沈阳，详细地描绘了东北洗浴中心从 1.0 到 4.0 的进化过程：4.0 版本的东北澡堂子，可以展示装置艺术，举办文艺沙龙，提供大学生自习室。5.0 版本的澡堂子已经支持公司路演。

《诗经》描绘了上古时期"日之夕矣，羊牛下来"的温柔乡。天黑了，寻觅一个舒服的地方栖息身心，从先民那里就是人类的本源性需求。现代社会却发现，创造一方安静、安全、安逸的"小世界"太难。

这个小天地，伴随着人类社会的发展，已经成为了企业与消费者、个人与社会、线上与线下，甚至本我与超我、物与我的载体……

从消费者的感性视角去期待一些超越现有居住消费模式的商业模式和公司，他们之所以成功，要么让人在主场里尽量自在，要么让人在结界里尽量曼妙。

但这个行业并不容易，这些年，造房子的赶上了去杠杆与"三道红线"，运营房子的赶上新冠肺炎疫情，买卖房子的赶上平台与价格监管……

危机之后，大浪淘沙剩下的企业的确值得好好研究，从合规与腐败治理的角度审视"住"这个行业的优秀企业和他们的治理者是怎样"活下去"的。

酒店旅游行业我们选择了研究对象——华住集团有限公司（以下简称华住）。

华住（NASDAQ：HTHT，HKEX：01179.HK）是一家业务覆盖全球的领先且发展迅速的中国多品牌酒店集团。华住以"管理加盟"模式在全国400多个城市，运营6 789家酒店（包括120家Legacy DH酒店），拥有18 668名员工。自2005年创立以来，华住始终以专业而高效的智能化管理系统，专注于为客户提供高品质和多元化的出行体验，享受美好生活。华住运营的酒店品牌已经涵盖所有细分市场，拥有超过20个不同酒店品牌的产品组合。华住通过2016年与雅高的战略联盟，以及于2020年1月完成对德意志酒店的收购，借助国际中档至高档品牌进一步丰富了华住的品牌矩阵。此外，华住还推出会员俱乐部——"华住会"，为全球超过1.69亿会员提供住宿、出行、购物等服务。①

为什么是华住？

理由有三个：

---

① 华住集团有限公司2020年年报.

首先，2020 年的新冠疫情，对全球酒店业杀伤力都很大，但中国的锦江和华住两个集团却能够用更缓慢的失血速度熬到市场回暖。其内控能力和公司治理水平惊人！不仅如此，锦江和华住在疫情期间，竟然还在加速扩张。2020年前三季度，锦江集团增加了 603 家酒店；华住集团仅 2020年第三季度就净增加了 319 家酒店。与此对应，携程有一个数据："2020 年中国注销了 15 万家酒店，其中有 98％是单体酒店。"

其次，华住作为中国第二大酒店集团，在过去十几年，从零开始到拥有 6 000 多家酒店，而它跟第一大的锦江集团最大的不同——它没有国资成分，是一家纯市场化公司。它在每一个阶段的合规与反腐败战略变化，都更能体现创始人本人以及公司对市场趋势的理解。

创始人季琦从 1999 年到 2010 年，十多年时间里创立和参与创立了三家企业——携程、如家、汉庭，最后这三家企业都在美国纳斯达克成功上市，市值也都超过了 10 亿美元。携程经历过互联网泡沫，如家经历过"非典"，汉庭碰上了金融危机，华住遇到了新冠肺炎疫情……

最后，华住是传统行业再造、携程是传统旅行代理升级为现代旅行服务公司、如家和汉庭都是传统酒店业升级成现代酒店连锁，是实体企业在酒店领域的典型代表，是"中国服务"类实体企业的代表案例。

在当前的商业生态环境下，一个理想的企业家应该贯通中西：不仅要熟悉本土的商业逻辑和环境，还要深谙东方历史文化和传统；不仅要懂得西方做生意的语言和规则，还要学会运用现代企业的高效管理手段和工具。①

在中西结合做好中国实体企业方面，季琦有独到的见解和尝试，未来华住计划用品牌门店的规模、会员流量和数字化技术三要素，来实现酒店业里的差异化竞争和数字化转型。

和酒店服务业植根于人类本身的居住需求不同，我国的金融服务业则是一个在改革开放前后的热血土壤中酝酿的行业。在那前后，1984 年第一拨精英下海创业，王石、柳传志、任正非。那时没有《企业法》《公司法》，没有企业的产权制度。

其间，市场中充斥着靠价格双轨制和外贸批文获利的操作。无论是资质、资本，还是渠道、人脉，尤其是"所有制"的模糊状态，都令人备受折磨，与企业家行为和现代企业治理相距尚远。

非国有企业做资管行业，抑或是以金融为切入口构建资金密集型企业面临的不仅仅是业务本身的高风险，更是资金运营、行业监管、投资者权益保护、反洗钱、反非法吸收公众存款、反恐怖融资、海外并购等各种刑事风险。

---

① 季琦：创立三家 10 亿美元上市公司后我如何复盘. 中国商人，2021（9）.

于是，市场上诞生了三个世纪之谜：民营企业搞金融，地产企业多元化，传统企业转型互联网。

在现代金融服务业这个赛道，编者团队选择了泰康保险集团股份有限公司（以下简称泰康）作为研究对象。这个管理资产规模超过 22 000 亿元，退休金管理规模超 5 200 亿元，拥有数千家分支机构、十万级销售队伍，千万级服务对象，连续三年荣登《财富》世界 500 强榜单的现代金融服务实体，业务范围全面涵盖人身保险、互联网财险、资产管理、企业年金、职业年金、医疗养老、健康管理、商业不动产等多个领域。[①]

泰康集团竟然同时突破了三大谜团中的两个。于是，不禁要问：

综合性现代金融实体为什么要做反腐败与合规建设？

为什么能做好？

如何做？

首先，泰康集团借鉴了国家监察机制改革的经验，用"大监督"的思路解决了非国有、综合金融、多元化集团反腐败与合规难题。

其次，泰康作为非国有金融企业，又接受国家监管机构的强监管，需要配合银保监系统的监督，通过内置部门很好

---

① 泰康集团 2020 年年报。

地解决了政府监管和企业内控之间的关系，泰康的"大监督体系架构"是其反腐败与合规体系建设最显著的特征。

最后，泰康通过创新内控系统，打通协作机制，解决了传统监督存在的整体统筹不足、横向沟通不畅、纵向监督不深、办案问责不力等问题，让多元化公司能通过开展范围更广、程度更深、力量更强的综合监督，从而获得自我革命的成长性力量。

相对于金融服务业的高门槛，最好干的和最难搞的都是一类企业：餐饮服务业。正是因为它创业门槛低，消费人群广，看似人人皆可尝试；也是因为口味更新快，市场饱和竞争，上市公司更是凤毛麟角。

曾经轰动一时的餐饮帝国突然在某天轰然倒塌，典型的"死法"大致有以下几种。

有的餐饮企业在之前经营状况良好的情况下，发展不够理性，盲目扩张。

1996年冬天，谭长安用5 000元转业安家费，在成都百花潭附近的小巷子里开起一家以一次性清油锅底而闯出一片天的曾经四川第一锅——谭鱼头。因两次IPO未果，无法标准化复制却盲目扩张而风光不再。

2009年11月11日，是孟凯人生中最辉煌的时刻。他创办的高端餐饮品牌湘鄂情正式挂牌深交所，成为第一家A股上市的民营餐饮企业，他则以39.37亿问鼎餐饮界的首富。

2012年，湘鄂情开始大展拳脚，公开发行4.8亿元的债券，用于并购快餐、食堂餐饮和盒饭品牌。

5年后，孟凯败走大洋彼岸的澳洲，消失在公众视线。

有的餐饮企业面临变革时，铤而走险，仓促转型到企业并不熟悉的领域，最终是作茧自缚。

1958年出生的张兰，算是改革开放后第一批"海归"，由其创立的高端餐饮品牌俏江南，一度成为中国餐饮圈的顶流。

但是，她输给了资本，同时也输给了时代，只留下一声长叹："我最大的错误，就是引进鼎晖投资。"

有的企业主盲目、错误的决策，激进寻求资本或上市，间接或直接导致企业走向衰落。

发迹于广州，兴于长三角，从食堂承包到团餐龙头的和兴隆是其典型代表。黄溪河创建的广州市和兴隆食品科技股份有限公司，一站式食材配送主要是为客户提供各种净菜、果蔬及其他食材，团餐则主要给2 000人以上的大中型食堂提供统一餐食。

在团餐需求越来越大的市场背景下，两条腿走路的和兴隆，很快就跻身到团餐龙头企业的地位。2010年，和兴隆成为广州亚运会的运动员定点食品供应商。

2012—2014年，和兴隆获得深创投、粤科创投的5 500万元和5 200万元投资。牵手资本让和兴隆走上高速扩张，

2016 年成功挂牌新三板。

2018 年 5 月，获得了"2017 年度中国餐饮业十大团餐品牌"、"2018 年中国团餐集团 10 强"称号的和兴隆创始人黄老板，突然就跑路了。

2018 年 10 月，一则新闻爆出从一家民宅内搜出 50 箱财务原始凭证，均属于和兴隆企业。

餐饮行业的标的企业那么多，编者团队在顶着巨大对标压力下，依然把票投给了——海底捞国际控股有限公司（以下简称海底捞）。

诚然：2022 年 2 月 25 日，《企业家杂志》出了一篇报道："海底捞生于极致，困于极致"。

和这篇文章呼应的是，2011 年 3 月，北大黄教授的书《海底捞你学不会》，由中信出版社出版。

11 年间，沧海横流、物是人非。张勇带着他从四川简阳走出的中餐火锅巨头，其实在 11 年前出书之时，也保持着清醒头脑：

"黄老师，第一，要写就写一个真的海底捞。要把海底捞好的一面与不好的一面、问题与困惑都展现出来；只要是真实的，我不介意。第二，写海底捞的书，我可不给你钱。第三，你写完了，我不审稿。"

书中描绘：张勇在海底捞公司的签字权是 100 万以上；100 万以下是由副总、财务总监和大区经理负责；大宗采购部长、工程部长和小区经理有 30 万元的签字权；店长有 3 万元的签字权。

这种放心大胆的授权在民营企业实属少见，更少见的海底捞给了基层的服务员以更大授权：不论什么原因，只要员工认为有必要，都可以给客人免一个菜或加一个菜，甚至免一餐。

多数人聚焦于海底捞独有的企业文化，感叹于它的极致服务，可作为反腐部门更该看到这背后的廉洁能力：几乎从未在公开渠道爆出内部任何贪腐问题——就凭这一点，在餐饮企业而言，海底捞的困难或许是暂时的。

与餐饮服务业类似，现代物流服务业植根于传统快递业，属于劳动密集型行业。但和餐饮服务业特别是中餐的极度非标因而很难产生巨头相反。在商业交往发达的国际市场早已形成了四家快递巨头，即：德国敦豪（DHL）、美国联邦快递（FEDEX）、美国联合包裹（UPS）、荷兰天地（TNT）。

起步于 20 世纪 90 年代的中国物流业，有一个神奇的年份——南方谈话后一年——1993 年。

最早可考的民营快递公司应当是成立于 1993 年又迅速销声匿迹的一家名叫"快客达"的公司。

同样是在 1993 年，出生于上海、生长于香港的王卫在 23 岁那年，在广东顺德开办了一家快递小作坊，以替人将信件、货物样品等从内地运送到香港为主要业务，解决了内地与香港快递业务的时间差。这家公司成长为后来的顺丰控股股份有限公司（以下简称顺丰）。

同期，在外向型经济率先发展的长三角地区，在浙江省的省会杭州，为了解决中国邮政报关业务派送 3 天的时差，有几个人白天在杭州招揽生意，客户把急需发送的报关文件交给他们，晚上他们坐上开往上海的火车，将这些文件送到指定地点。通过这种私人捎带的方式，为客户解燃眉之急。一段时间之后，他们在上海成立了一家公司"申通快递"。与顺丰不同的是，申通最开始选择链接的不是香港和内地，而是企业与政府。

还是在 1993 年，湖北人陈平从日本回到国内，受到日本"宅急便"的启发，于 1994 年 1 月在北京注册成立了"宅急送"。不同的是，顺丰与申通提供的是异地业务，而宅急送最初主要是同城业务。

1993 年 3 月，王卫用从父亲那里借来的 10 万元在广东省佛山市顺德区注册成立了一家快递公司——顺丰速运。

2003 年，王卫包下了国内一家航空公司的 5 架货运飞机，开始用飞机运送快件，顺丰在快件运送速度上创造了一个又一个"神话"，让全中国人把"快"与"顺丰"联系了起来。

2009 年，顺丰自己的航空公司获得中国民航总局批准。

2013 年，顺丰首次进行融资，接受了包括中信、招商等三家战略投资者投资，为上市做铺垫。

2022 年 3 月，顺丰航空一架 B757－200 型全货机平稳降落鄂州花湖国际机场，鄂州机场实地验证试飞圆满完成。这也是我国首次以全货机机型完成新机场的试飞。

成立 20 多年来，顺丰从最开始注册资金 10 万元、员工 6 名的小公司，发展到今天市值千亿，员工 40 多万名的大企业。这家以运送速度最快、收费最高、服务质量最好、直营为主的企业的反腐败与内控是需要仔细对标研究的。

快递行业的"暴利时代"已经结束，企业必然从规模转向效益。2005 年，往某一地点发送一件物品，需要支付 27.7 元的快递费用；到了 2015 年，同样的一单业务的快递费用不升反降——只需要 13 元。过去 10 年时间，快递费用下降了一半，与此同时，快递行业的人力成本和运营成本却增长了一倍，即便快递业务量越来越大，也没有带来相应的高额利润。

其实，最难管的是人；腐败问题，恰恰是人的问题。

行业重组，竞争考验的是管理。许多小型快递公司面临被收购或者兼并，甚至倒闭的风险；而一些大型快递公司同样肩负巨大的压力，尤其是近些年，国际快递巨头纷纷进入中国，抢占中国的快递市场，国内快递行业大洗牌成为必然。

物流服务不制造产品，不加工产品，却必须驾驭几十万名遍布中国大江南北、散落在城市的大街小巷的快递员，为千家万户提供优质的服务。在揽件、分拣、转运、投递等各个操作环节均有较大的人工需求，结成一个个小节点，产生极大的内控和反舞弊成本，比如：在揽件过程、保价、代收货款、包装服务、保鲜服务等，如何防止与客户共同舞弊，少计斤两；不论时效快递、经济快递、同城即时物流，还是仓储服务、国际快递等多种快递服务，运转环节都会面临内部盗窃、职务侵占；以零担为核心的快运服务，或者为生鲜、食品和医药领域的客户提供冷链运输服务，在这个过程中，企业需要防范供应链节点选择店铺地址、采购自持物流资产、购买易耗品中的各种舞弊。快递物流服务业点多、人多、线长、面广，反腐是一件极困难的事。

第一节　华住：不忘初心、融入中心、深入人心

在中国出差商旅、自驾游，你可能没有住过名叫"禧玥"、"花间堂"的酒店，但你一定听过全季酒店，插上取电卡就从电视那边传来"温良恭俭让"的醇厚男中音，貌似五星格调但价格还承受得起的"桔子酒店"，以及基本不会怀疑卫生质量的汉庭酒店。

其实他们都属于一家企业——华住集团。

即便全季选了"温良恭俭让"，这么个不算有个性甚至偏油腻的品牌调性，却抓住多达 4 个亿的整个中等收入群体，

从而快速降低成本，做大规模，其中的奥秘就是——精益管理带来的边际效益，不论开多少家分店，单店的利润率总是稳定的，从这个意义上华住是"捡钢镚"捡出来的集团。这中间，反腐败与内控合规建设发挥着不可替代的神秘作用。

华住旗下 7 000 多家酒店，员工数万名，年服务客户几亿人次，每天会产生数千万的交易数据，即便单店跑、冒、滴、漏一点点乘以数量级也是极大的损耗，在这样的情况下盯人战术既不现实、更不高效，无法应对华住集团的高速发展。

这是华住内控合规工作实战面临的战场环境。

喜欢练习普拉提的季老板，判断一件事该不该做，核心看它赚不赚钱，特别是用省力气的动作去做规模化扩张和效率提升。

作为一个无法赚钱的部门，如何在有限资源条件下，为不同品牌档次酒店、地区分布、旅居客人提供合规支持，说服管理层投入呢？

华住的内控与内审团队以"与酒店投资人、酒店同行共创酒店内控生态圈"为目标，前身可追溯至 2010 年赴美上市前后，在整个行业中起步较早，经过多年来经过几次转型，在酒店旅游行业找到了出路——"不忘初心、融入中心、深入人心"的特殊打法。

华住集团内控与内审部的职能包括：内部审计、城区内控支持和收入审计。内部审计主要负责美国上市公司萨班斯法案（SOX 法案）合规检查工作、内控自我评估，专项流程审计以及反舞弊调查；城区内控支持主要负责全国 7 000 多家酒店的内控合规检查，以及加盟酒店的财务进阶式培训；收入审计主要通过远程审计技术，复核各酒店收入的完整性和真实性，同时提供酒店收入风险的预警。

这套战法体系的立足点是内控、内审、合规、监察的初心，即：给企业释放监督压力，让从业者和业务单元感知到自己在监督和约束的条件下工作。因此，任何合规和反腐工作离开监督这一本质，单论服务赋能是本末倒置。

华住的内控部门的匠心在于通过搭建风险预警模型、运用可视化 BI 工具，对酒店经营业务大数据进行分析，找出并围绕"单店收入"这个核心业务指标，开展风险预警，制作可视化风险仪表盘平台。实现了监督工作润物无声般的"无感切入"。

风险仪表盘通过对大数据的分析和聚合，从多维度对酒店的各项经营数据进行监控，结合物业水电及耗材供应链监控就能直观展现哪些地方、哪些时间、哪些交易操作行为可能存在异常，需要重点关注，从而实现主动预警、风险防御。

通过远程数据和监控技术，实时了解酒店现场实际情况，审计、监察人员即便不在酒店现场，也可通过对酒店经营数据进行监控及时发现异常信号，形成监督压力。

2020 年，华住的举报信息初核初筛反馈率达到 100%，

并以案促改加强案件的识别、跟进、核查和惩处力度。华住
内控监察部门围绕各类核心业务链，共计开展数十项专项审
计，完成合规检查、日常收入违规核查的门店超过 3 000 家，
并于汇报期内审结一起贪污诉讼案件。[①]

在做到无感切入、不忘初心的同时，怎样做到创造价值、
融入中心呢？

在华住，酒店经理是不管房间定价的。因为中央收入管
理系统能够直接读取酒店的过往经营表现、近期的竞争对手
表现、当地的市场状况，自动调节网络当中所有酒店的房价，
从而优化每一间酒店的入住率。

华住的内控监察部门起初也遇到障碍：一起案件和项目
耗时最多的环节不在本部门和项目本身，而是在与 IT 部门的
沟通和 IT 团队的工作，大约占总时间的 76%。

这既是新挑战，又是好条件。如前文所述，华住是季琦
以高效的要求和互联网数据转型思维缔造的新实体，线下场
景的数据化使其经营效率得到极大提升，同时任何部门开展
工作也需要后台数据的支持。

于是，内控内审部从 2016 年起开始了自主研发之旅。他
们推出"华住内控 360 平台"，探索了内控内审专属数据仓。

---

① 2020 华住集团有限公司 ESG 报告. http：//ir. hworld. com/static-files/
3499c21e-3340-43dc-94d9-7f6b15d352d3.

前者供内外协同、后者为内部赋能。

"华住内控 360 平台"的功能的主要模块包括三大部分：任务分配和跟踪、缺陷整改跟进和分析、业务部门内控自我评估功能。不仅实现审计从风险预警到任务分配到审计完成、业务部门整改反馈等全流程的线上化，还支持内控报告共享及集团人员违规档案等信息输出。

内控内审专属数据仓主要为内控内审工作提供数据支持，让监督者更有效率地使用数据分析，减少对 IT 资源的依赖和需求，提高审计工作时效。

监督团队打造平台的另一头，是酒店运营管理人员——酒店反舞弊及内控管理的"第一道防线"。

为了促进酒店内控管理自我完善，华住内控与内审部以"华住内控 360 平台"和数据库为基础，在国内外酒店集团并无内控预警产品的情况下，从 2017 年开始着手推出内控管理小助手工具，首创的内控赋能产品和酒店智能化收入风险管控工具，帮助酒店管理者更快发现问题，及时止损纠错。其革命性创造在于提示收入背后的风险，把廉洁合规的"一岗双责"真正落实。

华住酒店内控小助手的计算数据来自华住集团各个系统产生的业务脱敏数据，内控与内审部运用专业知识和核查经验，对业务明细数据进行分析和聚合，让风险变得简单、易懂、可视化，将前一天酒店员工的异常操作推送给酒店管理人员，能实现即使人不在酒店现场也可以远程管控和掌握风险。

内控小助手通过精准识别酒店内控风险，融入中心，赋能酒店管理者，提供账务审核、纠错止损等支持，帮助酒店加固第一道防线。通过三年多的打磨，华住酒店内控管理小助手系统已成功应用于华住旗下所有品牌酒店，灵活部署移动端及 PC 端。前端有推送给用户的信息及与用户交互收集反馈的功能，同时后台也有管理报表可以追踪风险预警后的处理跟进。小助手通过升级还推出区域管理版、加盟店财务版及加盟店加盟商版等针对不同用户使用的版本。

内控合规团队还会根据业务风险变化、公司内外政策、集团战略、销售策略、业务操作违规手法以及异常业务案件等，不定期进行逻辑更新，埋点前置，并实时推送给酒店管理人员。

截至目前，华住酒店集团内控管理小助手已助力旗下7 000 多家酒店，小助手系统后酒店风险操作数量显著下降。如换房异常模块上线一个季度后异常预警提醒条数下降80%，信用卡超期预警上线后异常预警条数一季度降幅82%，有效降低酒店管理风险。

华住 10 万员工遍布 400 多个城市及海外地区。人员分布广，区域跨度大，如何深入人心做好廉洁文化建设？

华住内控与内审部也进行了有益的尝试。2017 年华住开

展内控知识竞赛，吸引了来自全国数百城市、上千酒店的
11 518人次、9 942位伙伴们的热情参与。每年都会推出新一
季"动画说内控"，以酒店日常经营中会面临的风险为故事场
景，通过直观的表达方式，帮助酒店伙伴认清酒店内控红线，
共同营造风清气正的内控工作环境。

从线上到线下，华住集团内控与内审部2020年启动"知
者无涯、行者无域——内控中国行"活动，从上海出发，历
经数十个省份，邀请一线员工作为主人公讲述他们的内控廉
洁故事。

各地的优秀案例会被制作成短视频，广泛传播进而影响
更多员工和供应商。

商业道德是华住可持续发展的大事。除通过"动画说内
控""内控中国行"这类趣味性的活动建设廉洁文化外，每年
还会根据集团的《阳光协议-职业道德和业务行为准则》去设
计相应的反腐自查问卷，并动员全体员工，上至集团CEO下
至全国各地每一家酒店。①

根据华住2020年的ESG报告，按照可持续发展重大性
议题（参见图5-1），集团总部和事业部员工积极参与反腐自
检，累计收到8 900份有效填写问卷，回复率达99.96%；全

---

① 华住集团内控与内审廉洁合规创新探索，互联网企业廉洁合规研究院微信
号，2022-04-22.

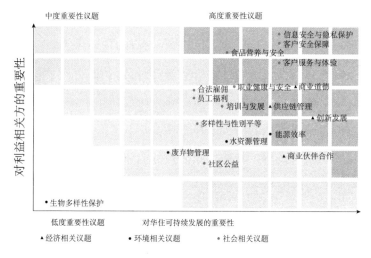

图 5-1 华住 2020 年可持续发展重大性议题矩阵

（图片来源：《2020 华住集团有限公司 ESG 报告》）

体员工（含中、高级管理层）累计完成105 918.95个小时的反贪污内控合规培训，内控合规培训覆盖率达到100％。

第二节 泰康：反腐是一项长期工作

泰康是民营金融服务的典型代表，其主业是做人寿保险的。

把时间推回 30 年前，泰康的陈东升从体制内辞职开始创业时，寿险可不像现在这样是一个保险类资管的明星赛道。

陈东升笃定了在现在看来几乎是前提却在当时是"寓言"的"小趋势"——人口老龄化。1992 年陈东升放弃了体制内的优越工作，选择了自己几乎从未经手过的赛道——寿险，毅然下海。

经过三十多年的发展，泰康已过了资本积累的初始阶段，闷头做保险的事。

陈老板再次预测对了趋势：作为一家涵盖保险、资管、医养三大核心业务的大型金融保险服务集团，掌舵人陈东升显然十分清醒在这个刀尖上行走的多元化金融集团的深刻危险性。

泰康是有价值、有理想、有追求的企业。反贪腐、合规建设是公司长期基本的思想、制度、道德、操守的建设，而且是一项长期的工作。

我们一定要把"风清气正"融入我们的思想里，融入我们所有的管理制度里，融入我们日常的工作和行为里，让我们的管理、我们的合规真正符合一家世界五百强企业的要求。

据说陈老板 1983 年从武汉大学经济系毕业离校前期，专门去了趟珞珈山，在一块巨石上刻下了一个字："始"。

现代金融服务业是一个创业者又爱又怕的行业，选择在强监管、强服务、强政策性依赖的资管行业，需要首先解决的便是市场与行政，自由竞争与国家体制，商业考量与家国情怀的关系——作为企业和企业家，如何处理这些关系？

泰康选择了全力构建起全面的"大监督"体制机制。

其中的典型标志便是查审分离与查审协同，这是泰康构建大监督机制的基础。

审查与审理部门的责任不清、边界不明是导致很多大型企业监督无力、乏力的根本原因。泰康集团的调查与审理移送既是相互独立的，又是相互配合的。其中法律合规部、集团稽核中心一个负责审、一个负责查，从职责层面最大限度的划清了两个部门的界限。

稽核中心负责内部违纪处罚案件和涉嫌违法犯罪案件的调查工作；法律合规部设立专门的案件合规管理处，负责内部违纪案件处罚、涉嫌犯罪案件的审核和移送司法工作；公司设立重大疑难复杂案件法律合规部门审理"提前介入"机制，确保案件办理客观、公正、高效。

在集团层面设立了由董事长、CEO 总览全局、更高层次统筹机构，将整体监督资源进行统筹、优化、协调、组合，能够有效调动各监督主体优势力量，实现对权力集中、资金密集、资源富集的重要环节、关键部门和重点岗位的普遍监督，以及对风险高发、腐败易发、管理薄弱等易腐点的精准监督，达到业务流、资金流、信息流、审批流、权力流、人际圈的监督全覆盖。

这样做有利于解决条块分割、运行不畅、覆盖不均等弊端，从而能最大限度减少重复，降低成本，提高效能。这成为泰康构建大监督体系的基础。

由于企业管理链条长、环节多、资源少，本应互为表里、互相联系、不可分割的业务监督和对从业者的纪律监督，因职能划分而彼此割裂，导致多数传统企业内部监督存在的"铁路警察，各管一段"机制弊端、"多头监督，重复整改"资源浪费和"虎头蛇尾，高举轻放"形式主义。

泰康集团通过搭建系统实现线上合规风控，以系统控制流程，查找和堵塞风险点，并对全集团重大刑事、民事案件、监管处罚和内部处罚进行系统化管理，发现规律，总结经验教训，解决了资源时空分配不均、对人对事监督逻辑不一的问题。这是构建大监督体系的关键。主要分为五步走：

第一步，是将廉洁合规线上管控融入业务、财会板块。完善线上风控系统，在业务、财务交互平台，从报销流程和审核角度实现业务、财务行为线上化，数据透明，落实从"财务真实性"可以追溯到"业务真实性"，全面智能化实时风险监测和预警处置，助力发现员工存在的不廉洁、不合规的行为。

第二步，通过线上合同管理把好廉洁合规首关。及早发现合同中隐藏的舞弊风险，确保所有意见在线、操作在线、结果在线，实现合同全生命周期的线上化流程管控，明确权责并留存诚信合规行为数据。

第三步，搭建廉洁合规中枢——合规管理系统。将合规与案件办理有效整合，打造合规问题管理闭环，并建立内部刑事案件、民事案件模块，搭建内部处罚管理系统，对接司法案件大数据系统分析刑事风险点。

第四步，将廉洁合规指数细化——搭建员工信用系统。遵循"一个泰康人，一个诚信档案"的原则，对集团公司及各子公司统一架构、统一行为、统一扣分标准，落实集团及子公司内勤员工信用行为进入系统，对泰康内勤员工信用进行评价，并关联个人晋升、考核与激励；将违法犯罪和严重舞弊员工信息对外披露，做到"一次违规、终身记录"，让舞弊无处藏身。

第五步，引入了监督机器学习统计算法相关技术，开展非现场审计。基于多元变量和基于图论的人物关系模型，逐步实现基于财务风险热图的远程监控，同时，对风险点数据库进行修订完善，修订及优化稽核程序，为风险导向理念深化实施提供强有力保障。

大监督体系建立起了监督力量统筹投放、监督计划同步协调、监督信息互相通报、监督成果共同分享、发现问题协同促改的运行机制，通过法务合规部门纵向管理制约、监察部门横向组织协调，重点环节专项监督控制，实现监督维度上的闭环管理，即横向协调和纵向监督的有机结合，形成横向到边、纵向到底的全方位的监督体系，这有利于各监督载体协同发力，增强了监督效果。这是构建大监督体系的主要着力点。

在"大监督"队伍的建设层面，泰康保险集团拥有 500 多名从事法律工作的员工（含子公司）。

其中，集团总部法律合规部共有 25 人，4 个二级部门，下设知识产权管理部、案件管理处、法务管理处、合规管理处（参见图 5 - 2）。

图 5 - 2 泰康法律合规部组织架构

知识产权管理部负责专利的发掘、商标的申请和维护等工作。案件管理处在处理诉讼和纠纷方面有丰富的经验，重点建立内部反舞弊和预防非法集资行为制度。法务管理处主要负责审查各类合同和重大战略投融资项目文件等。合规管理处负责全集团合规体系的建立。

除此之外，集团法律合规部还负责统筹、管理、指导和赋能全集团 5 个子公司的法律合规条线，为全集团遍布 36 个省区市、4 000 多家机构提供专业的法律服务，用合规为业务保驾护航。

泰康的专责监督力量主要集中在集团稽核中心，共计 82 人，承担集团及保险子公司的内审检查工作，下设监察处、审计业务处、非现场审计处、综合管理处 4 个二级部门，以及北京、上海、成都、武汉四个特派办。特派办对集团各板块业务、各级下属机构开展稽核检查，全年完成现场稽核项目 200 余项，对全辖区风险进行全年不间断覆盖及监控。

陈东升关于政治生态对于企业发展的理解和秉承的长期主义理念，深深地影响着泰康廉洁建设。从创业早期就保持着独有的清醒：

"就说在北京，在当时这样一个大的政经混淆的大染缸里，出淤泥而不染，你靠的是什么？靠低调，靠专业，靠做事硬。南北方稍有差异。南方多是跑马圈地，多元化，挣快钱；北方多是进军市场的空白点，建立一个领头企业，以此推动一个产业的发展。后者更需要有知识基础和前瞻能力。"[①]

从泰康分条缕析的监督部门功能设计便可见一斑。

监察处负责统筹集团及子公司举报处理工作，与法律合规部共同开展反舞弊工作及"风清气正"企业文化建设，对接内部违法犯罪问题及涉刑案件。

审计业务处负责组织开展各类法定审计，在各业务领域实施专家带队制，统筹保险、资管、医养三大业态风险，提升审计技术、建立审计标准、实施风险评估，指导各类稽核项目的开展。

非现场审计处致力于科技赋能内审工作，与集团科技中

---

① 王安 . 长期主义：泰康的 25 年 . 北京：中信出版社，2021.

心大数据部门共同推动审计工作的线上化、自动化、智能化，通过大数据技术开展远程审计、IT 审计及风险监测工作。

综合管理处负责安排审计计划及部门预算，落实战略性工作要求，监督公司重点风险的整改落地，对稽核项目进行质量管控，持续完善审计制度流程。统筹集团稽核中心及子公司内审部门的队伍建设工作，建立各级内审人员的培训及职业生涯体系。

此外，集团稽核中心负责对非保险子公司稽核工作实施监督管理并进行评价。

近年来，泰康成功办理了某分公司总经理职务侵占案、某分公司部门负责人非国家工作人员受贿案等多起有影响力的案件；在办理某分公司物控主管职务侵占案时，本着"惩前毖后、治病救人"的原则，积极配合司法机关案件调查，做通犯罪嫌疑人家属的工作规劝其主动投案，并主动退赔了公司全部经济损失，公司最终对其犯罪行为表示谅解，检察机关也作出了不起诉决定，取得了法律效果和社会效果的统一。

第三节　从 ESG 报告看海底捞的反腐

从疫情以来的 2020 年，唱衰海底捞的声音一直不绝于耳，股价从 2021 年初最高时的 80 港元，跌至 2022 年初的 18

港元左右。

2020年6月，虽然全球仍处在抗疫状态，但海底捞依然作出了高速扩张的决策，2021年才停止扩张，取而代之的是大规模关店，关停300多家。2022年2月21日，海底捞发布公告称：

预期将于截至2021年12月31日止年度录得净亏损约人民币38亿元至人民币45亿元。对比2020年收入约为人民币286亿元，集团2021年收入预计超过人民币400亿元，增长超过40%。①

经历过高速扩张、及时止损这通操作之后，海底捞的净利润也从2018年的16.4亿元、2019年的23.5亿元，下降到2020年的3.09亿元，2021年亏损超38亿元。对此海底捞解释为：

2021年，海底捞300余家餐厅关停及餐厅经营业绩下滑等因素导致的处置长期资产的一次性损失、减值损失等合计约33亿元至39亿元。另外，由于全球持续变化和反复的疫情，2020年、2021年门店网络快速扩张以及海底捞内部管理问题等对海底捞餐厅经营状况带来的冲击。

海底捞从火爆到现在，人们不再感到新鲜的时候，就会开始关注性价比，海底捞的消费水平在一线商圈还能撑得住，

---

① 海底捞：预计2021年净亏损约38亿元至45亿.每日经济新闻，2022 - 02 - 21.

再往下就有点危险，尤其受疫情冲击影响，消费者会找更实惠的火锅替代。对于从事企业内控内审或监察部门的人员而言，除了上面的"怠倦期"，或许字虽少的后半句，但更加值得玩味——门店网络快速扩张以及海底捞内部管理问题。

于是，海底捞于 2021 年 11 月推行"啄木鸟计划"，由执行董事兼副首席执行官杨利娟领导。

从 2018 年到 2020 年的海底捞 ESG 报告，明显感到海底捞已经开始了自我革命。

首先，从 ESG 报告披露的内控、内审、合规、监察部门议题的重要性水平看。反贪污的重要性逐年提升。

其次，从 ESG 报告披露的反腐败部门的定位和职责看。

2018 年重点在廉洁运营，海底捞在合规及反贪污层面采取多项工作举措，旨在保障自身公正廉洁、诚信经营。公司严格遵循《中华人民共和国公司法》《中华人民共和国刑法》等国家法律法规，从制定反贿赂、反舞弊制度，成立专门部门监控、建立多元举报渠道、业务流程中落实反贪污工作等层面构建不断完善的反贪污体系，保障廉洁运营。

2019 年重点在稳健运营，海底捞把运营作为公司稳定发展的要素，公司严格遵循《中华人民共和国公司法》《中华人民共和国刑法》等国家法律法规，严格进行反贪污管理。同时于公司内部稳步加强风险管理，固化公司风险管控机制，不断完善反贪污与风险管理体系，保障廉洁运营。

2020 年重点聚焦于诚信经营，海底捞严格遵守国家法律法规，坚持诚信经营，关注自身风险管理、不断完善内控体系，严查贪污、舞弊等违规行为，保障公司稳健运营。

最后，从监督部门扮演的角色看。

2018 年主要做了四件事：一是制度与政策，制定《海底捞集团廉洁管理办法》《反舞弊、反贪污管理制度》《稽查部禁令管理办法》，并设有相关海底捞内部投诉管理办法，规范公司在贿赂及舞弊举报、调查、处理、报告、补救措施等环节的程序，使相关部门更好地发挥监督、警示作用。二是管理职责落地，公司设有稽查部，负责公司舞弊、职务侵占、贿赂、经济损失、禁令等稽查工作，防范监督运营过程中的贪腐行为，保障公司自身廉洁。三是加强防范、监察，公司为新入职员工进行入职禁令培训，警示员工远离贪腐。同时，对关键风险点进行专项管理；针对门店建立专项检查与巡查；针对贪腐风险较高的采购、绩效小组进行高频次检查；通过对合同检查、工厂运营、成本异常等方面进行具体核查，及时阻断贪腐或潜在贪腐事宜。四是多元举报途径与激励机制，设有举报电话、举报邮箱、举报平台以及直接汇报等多途径举报机制。

为打击腐败，海底捞还采取"人品奖金机制"，即贿赂、舞弊举报奖励机制。为更好地保护举报人信息，公司给举报人发放奖金制定了固定的付款出口途径，从而增强员工举报信心和举报的积极性。

2019年是海底捞意识到自身问题开始聚焦和转型的关键年。根据2019年年度报告的披露，监督部门在反贪污方面，制定了《反舞弊、反贪污管理制度》、《内幕消息管理制度》等多项政策文件，规范运营管理，防止贿赂、勒索、欺诈、洗黑钱、徇私舞弊与贪污行为，全年进行了46场禁令培训，培训人数达1886人。树立了公正廉洁、诚信运营的企业形象。反贪污管理方面，设立稽查部，负责公司舞弊、职务侵占、贿赂、经济损失、禁令等工作，明确要求稽查部人员严格调查贪污舞弊行为，对违规行为采取"零容忍"的态度，按照相关规章制度进行上报、处理，落实反贪污工作。在反贪污举报与激励机制方面，公司鼓励员工揭发检举工作中的违法行为，设立"人品奖励机制"，对举报贿赂、舞弊行为进行奖励，并妥善保管举报人信息。报告期内，公司调整了内部控诉管理举报奖金额度，并且增加了采购、拓展等核心岗位的举报奖金，有效提升员工举报的积极性。在反贪污教育方面，监督部门制定《海底捞禁令管理办法》，规范员工行为。2019年，公司对《海底捞禁令管理办法》进行了修订，并针对新增规定组织开展了相关培训，且海底捞定期开展在线及线下反贪污培训，增强员工反腐意识，从根源断绝贪污腐败行为。2019年，海底捞组织了《海底捞禁令管理办法》培训课程，从禁令内容、制度制定的背景、违反禁令案例和避免违反禁令方法等加强学习，加深员工对禁令内容的理解，减少员工出现违反禁令的行为。

同时，2019年明显加强了风险管理。海底捞公司风险管理秉承"三道防线"机制，各单位运营管理人员是风险的直接责任人，负责识别、报告及初步管理日常营运风险；董事会审议重大、重要风险应对策略和方案；内审部负责制定风险管理工作计划，对方案的实施进行日常监督。针对2019年度门店快速发展以及内外部环境的变化，公司组织业务部门对运营过程中可能面临的潜在风险，进行了新一轮的识别与评估，提升了业务部门对风险的预警能力和应对效率。同时修订了风险评估标准，结合公司快速拓店的发展战略及业务现状，由内审部统筹各业务部门形成工作组，经管理层同意，根据公司发展战略调整了风险评估标准，使得标准更贴近业务实际，在此基础上得出的评估结果更准确。

在提升风险应对方面，结合门店的发展速度，内审部组织业务部门对业务运营面临的潜在风险，进行了新一轮的识别与评估，对已不能满足管理现状的风险应对措施，提升了应对策略；对识别出的新风险（特别是新店拓展）制定了具体的应对措施。同时，根据最新的风险识别与评估结果，维护更新了风险管理数据库，为管理层决策提供了重要参考和依据。

加强内控建设方面，海底捞公司董事会负责建立与维持与公司战略目标相匹配、健全有效的内部监控系统。公司设立了内审部，为专职内部审计机构，负责统一组织、管理和报告公司的审计工作，并定期向审计委员会汇报工作，包括审计计划的执行状态、重大审计发现、审计建议及管理层的行动计划。2019年，公司在现有内部控制体系的基础上，进一步完善了内控评价机制，逐步建立合规、有效的内部控制框架，提升管理效率。

开始进行综合、专项审计，为了评价公司内部控制设计和运行的有效性，促进公司改善内部控制及风险管理，内审部对集团内子公司进行了综合审计或专项审计，内容包括与业务负责人访谈、了解业务流程、检查制度执行情况、获取资料进行穿行测试等，并针对发现的问题提出了相应的整改建议。

2020年，海底捞内部有"八条禁令"，其中两条都与反贪腐有关，第一条便是"不准贪污、挪用公款"，第二条是"不准收受合作方、供应商和外部业务单位的礼金、礼物；不准从合作方、供应商、外部业务单位等处借款，不准有个人资金往来"，足见海底捞对反贪腐工作的重视程度。公司制定了多项政策，约束员工行为，防止贪污舞弊，维护公司内部廉洁诚信的良好氛围。公司制定了《海底捞内部投诉管理办法》，员工可通过举报电话、举报邮箱向员工服务中心举报违规行为。2020年，员工服务中心新开通了微信服务通道，方便员工及时反映问题。公司严厉禁止任何针对举报人的打击报复行为。在《内部投诉管理办法》亦明确规定举报人可以隐匿身份，受理部门必须予以保密，必要时可对举报人进行保护性调离。

2020年，即便疫情影响，也开始加大反腐败宣贯，海底捞制定了《海底捞禁令管理办法》对全体员工的行为做出规范，并将其作为门店中层至后备店经理培训的必修内容进行授课。报告期内已累计完成禁令课程授课92次，参加培训的员工累计达137 133人次。此外，海底捞会收集各类违反禁令的实例，每月向员工推送，加深员工对禁令内容的理解。

海底捞监管部门对供应链反贪污进行了深入研究，已经开始要求所有初次合作的供应商必须签订"首次拜访供应商廉洁承诺书"，并视情况要求部分供应商承担廉洁保证金，通过资质审核后才可进入备选供应商名单。

"啄木鸟"首要的目标是清除蛀虫。

相信已经先知先觉，开始自我革命、自我净化的海底捞能挺过去。

第四节　顺丰：用数据编织"天罗地网"

2015年12月，被告人黄某（时任"××鲜生"网店负责人）签订了"收派服务合同"、"快递服务产品确认书（云仓专配）"、"××特惠产品服务条款"，被告人张某（时任××公司收派员）为了维持稳定的业务关系，在 2016 年至 2017 年期间，将黄某发送的快递件重量修改，计算重量时减轻计重，让黄某少付运费；之后张某发现将空运件可以修改为××特惠产品减少运费，遂与黄某合谋将"××鲜生"网店发送的 3 万余件空运货物利用"巴枪"（收派员终端设备）更改为"××特惠"件，按照陆运价格收取运费，给××公司造成人民币 130 万元的经济损失。被告人张某自 2016 年 3 月至 2019 年 10 月分 41 笔收受黄某好处费共计人民币 21.975 万元。①

如果作为专业的内控、内审、稽查、监察方向的人士，从裁判文书披露的细节，你会不会惊讶于这家公司的反舞弊能力？

其一，这起案例是典型的通过内外勾结的作案手法，两方获利、公司受损，内外人员构成了严密的利益共同体，在业务量极大、此类场景司空见惯的情况竟然能够被有效发现、识别，殊为不易。

根据荆州市沙市区人民检察院的指控，腐败手法有两个，一是在 2016 年至 2017 年期间，将黄某发送的快递件重量修

---

① 湖北省荆州市沙市区人民法院刑事判决书（2020）鄂 1002 刑初 158 号。

改，计算重量时减轻少则一斤，多则十余斤，让黄某少付运费；二是利用对业务漏洞的熟悉，发现将空运件可以修改为特惠产品减少运费，遂与黄某合谋将网店发送空运货物利用"巴枪"更改为"特惠"件，按照陆运价格收取运费。共计给公司造成人民币 130 万元的经济损失。

这种类型案件的来源，举报可能性极低，应当是通过数据异常分析及行为监控得到的。

其二，这是一个点对点的"对合行犯罪"，犯罪行为从发现到破案，一共仅用时 4 个月。从两种舞弊方式证据链形成、确定损失数额、突破口供、稽查资金关系……

这样快速的调查周期，公司内部应当进行了大量先期调查取证，公司内部应当有一支队伍能够做到对公安机关刑事调查提供证据支持。

其三，企业反腐败部门的指控技巧和震慑力。根据刑事判决书"本案系由××速运有限公司于 2019 年 7 月 4 日向荆州市公安局沙市区分局报案，后公安机关对本案立案侦查；被告人张某、黄某分别于 2019 年 11 月 27 日、28 日主动向公安机关投案。"这样"主动投案"状态的出现，通常是企业监察部门内部介入，站在为公司、个人考量的基础上为犯罪嫌疑人争取的最好结果。这样的结局反映了调查团队具备基于大量司法实务的实践经验，拥有对整体案件和司法活动的宏观把握能力。

有如此强力反舞弊能力的公司便是——顺丰控股。

2017年2月24日9点25分，深圳证券交易所内，钟声悠悠而鸣，原本喧闹的人群瞬间沉寂，循着钟声的望去。一个下身一条牛仔裤，上身一件白衬衫，罩着一件黑色的工装外套，架着一副黑框眼镜的中年男性，温和平静地像一名学者。

与他一同亮相的还有一名快递员、航空板块的一名机长和深圳客服中心的一名客服代表。

中年男子便是顺丰总裁王卫，和他并排而立的都是来自顺丰最基层的员工。

这一天，王卫依然是各路媒体竞相追逐的对象，然而即便上市当天他依然基本没有接受媒体采访，简短几句话之后便转身离场。走进交易所的时候，他是顺丰速运（集团）有限公司的总裁；离开的时候，他多了一重身份——市值超过2 000亿元的上市企业"顺丰控股"的掌门人。

与个人及公司的低调不同，"顺丰控股"上市的第一天，就受到了众多股民的追捧。当天，顺丰控股开盘价格为53.5元，不到上午11点，便以2 310亿元的市值，超过万科和美的，成为深市第一大市值公司。

很难想像这样一家盈利能力如此优秀（参见表5-1），低调温和，对待员工如子的公司会有这样雷霆的反腐手段。

表 5-1　顺丰控股 2016—2020 年盈利能力指标

报告期间	2020 年	2019 年	2018 年	2017 年	2016 年
营业收入（万元）	15 398 687	11 219 340	9 094 269	7 109 430	5 748 270
净利润（万元）	693 203	562 479	446 427	475 185	416 078
净资产收益率（%）	12.98	13.66	12.46	14.6	20.38
总资产收益率（%）	6.24	6.08	6.23	8.24	9.43
销售毛利率（%）	16.35	17.42	17.92	20.07	19.69
销售净利率（%）	4.5	5.01	4.91	6.68	7.24

（数据来源：顺丰控股年度报告）

它没有雄厚的资金和相应的政策支持，理论上根本无法与已经进入成熟发展期，在全国拥有密集运营网络的 EMS 竞争，并且还要应对"四通一达"的包围、"菜鸟网络"的围堵、京东物流的冲击、国际巨头的分羹。

这样看似割裂的管理理念是创立初期，王卫亲身参与快件的收送积累的心得——"四诀"之一，是狠心。其余三项是：爱、舍、恒。由于一线快递员劳动强度大，工作时间长，无论是酷暑还是严冬，他们都奔走在行业的最前端为客户服务，对于这些一线快递员的艰辛，王卫深有体会。因此，当企业有了发展，他对员工也舍得付出，舍得与他们分享创业的成果。顺丰速运推出了"按件计酬"的激励机制，让一线快递员能够获得丰厚的收入，让员工的付出能够得到等价甚至更高的回报。

顺丰制定了严格的考评制度，对员工进行统一管理，一旦员工出现诸如倒卖或泄露客户个人信息、盗取客户运送的物品等不良行为，公司将立即对该涉事员工予以开除处理。顺丰对员工的管理，同父母对孩子的管教有很多相似之处，顺丰的狠心是期望员工成长、成才的狠心。

狠心，不是没有意义的狠，而是出于爱与舍的狠。在顺丰这个大家庭中，有不少年轻员工只有二十多岁，对于他们，王卫的角色既是"慈母"——给予他们尽可能多的关爱，也是"严父"——严格要求他们提升业务素质，杜绝违背职业道德的行为。

当被人问起如何管理员工时，王卫总是回答："员工要尊重，给他尊重；要收入，给他收入。""当他月收入上万，他会要你两千块的手机吗？如果真有人拿了这两千块的手机，我会不计代价地去查，即使是五百块的手机也要往下查。人都是趋利避害的，只要明白了这一点，那么即便是拥有40万名员工的企业，也没什么难管的。"[①]

企业尊重员工，员工自然也会用尊重来回报企业，这就是最好的管理。创立于1993年的顺丰时至今日已经成为是国内最大的综合物流服务商，能够为客户提供涵盖多行业、多场景、智能化、一体化的供应链解决方案。

---

① 孟凡华. 顺丰传. 北京：中国华侨出版社，2020：98.

根据《顺丰传》[①] 的描述，同时扮演好"严父"与"慈母"的角色，源于王卫对物流行业管理本质的认识：管理不是一劳永逸的，社会在发展，时代在变迁，企业的经营也面临诸多挑战，在这种情况下，企业只有练好内功，才有能力抵御风险，才有可能在激烈的竞争中立于不败之地。

与内功"四诀"对应的是"经营五元素"，即质量、品牌、市场占有率、利润和抗风险能力。在这五个元素中，质量是起点，好的质量帮助企业形成品牌，有了品牌，就能提高市场占有率，较高的市场占有率为企业带来利润，利润支持着企业提升抗风险能力，有了较高的抗风险能力，企业就有了稳定的生产环境以保证产品的质量。五个元素相辅相成、互为支撑。

顺丰速运的"经营五元素"，既是一种经营理念，也是一种管理思维。管理思维是企业的外功，但不是企业经营的全部，如果执着于修习外功而不关注内功的修为，是非常容易"走火入魔"的。"四诀"与"五元素"共同作用于顺丰的日常运营与管理。

"四诀"与"五元素"的外部表现便是对全网络强有力管控的经营模式：由总部对各分支机构实施统一经营、统一管理，在开展业务的范围内统一组织揽收投递、集散处理和中

---

① 孟凡华. 顺丰传. 中国华侨出版社，2020：95.

转运输，并根据业务发展的实际需求自主调配网络资源；大量运用信息技术保障全网执行统一规范，建立多个行业领先的业务信息系统，保障网络整体运营质量。这样的数据技术也同时运用于顺丰的职能管理部门。

与顺丰雷霆手段、中心化管理匹配的是一支通过线上化、信息化，实现数字化和智能化的审计监察团队。

根据顺丰审计部门负责人的观点，顺丰高效的反腐败体系源于基于数据的风险导向型的持续审计模式。[①]

在他看来，线上化和信息化解决的是流程的问题，数字化和智能化解决的则是数据利用和智能的问题。

由于顺丰网络覆盖国内外，包括以全货机＋散航＋无人机组成的空运"天网"；以营业服务网点、中转分拨网点、陆路运输网络、客服呼叫网络、最后一公里网络为主组成的"地网"；以及以大数据、区块链、机器学习及运筹优化、自然语言处理、智慧物流地图、物联网等组成的"信息网"。"天网＋地网＋信息网"三网合一，形成国内同行中网络控制力最强、稳定性最高，也最独特稀缺的综合性物流网络体系。[②] 这样的"三张网"产生了大量可以数据化、场景化的数据。

---

① 顺丰集团刘国华：数字化审计要建立一个基于数据的风险导向型的持续审计模式．智能财会研究院，2020 - 10 - 12.

② 顺丰控股有限公司 2020 年度报告。

其中线上化是基础，把数据的纸质信息变成电子信息，解决的是有记录、有数据的问题。数字化、信息化有利于应对、适应、响应快速变化的风险，比如新冠疫情期间，远程办公逐渐常态化，这种变化反映在业务上时，相应的风险也会跟着变化。

信息化则是进阶，是在线上化基础之上挖掘、梳理数据跟数据之间的逻辑，在某个模块内形成相应的控制，从而形成系统；数字化是核心，在线上化、数字化两个基础之上驱动变革，寻找新的机会和价值；智能化则是最终的归宿，核心在于智慧加能力，通过深度学习、人工智能和算法决策来达到智能的效果。

信息化着眼于应对内部审计面临的价值期望与现实差距，满足利益相关者对内部审计除了合规审查以外，帮助提升职能能力的需求；在智能化的时代下，企业各个职能部门的管理水平已经在不断地提升，审计部门要在单位水平逐渐提升的情况之下持续发挥内审的价值。

按照数据化、智能化的思路可以对审计流程进行重构，将其从传统的"风险评估→审计计划→审前调查→现场实施→审计报告→后续跟进"重构为"业务研究（审计后台）→持续监控（审计中台）→审计任务（审计前台）→实时交付→后续跟进"。

通过审计分析、审计监督、审计作业三个平台实现从监督、处置、输出线索、提升效能等的全流程完善。审计分析平台侧重于大数据的分析和挖掘，通过对风险的系统化分析，进行监督模型的验证和监督逻辑的构建；审计监督平台便是运用这样的逻辑，分析输出线索；审计作业平台是将监督线索输出的全量线索集成，自动运算实施"风险评估"，根据风险评估的结果驱动审计计划、审计任务，调查人员可以在审计底稿界面实施作业。

这样的内控变革会使以"业务和经验"驱动的监督向大数据驱动，云平台监督的数字化转型，从而找到监督部门服务规模型科技物流服务类企业的立足点。

第六章　何谓实体企业的反腐密码

　　企业或许先于人类更快面临三大问题：企业本身就是算法，企业会在数据革命发生与能源革命相类似的转型，企业就是不断形成、处理数据的载体；企业管理意识与管理智能的分离，将更好做到内部控制，实现权力制约与权责匹配；拥有大数据积累的外部环境将比企业管理者自己更了解企业，权力黑箱会成为透明的网。

　　正如本书反复强调的反腐认识论：

　　伴随生产力发展、能源与数字化革命、企业形态与组织结构发生演进和变化，曾经因人的因素而形成的组织之癌——腐败，会随着数据革命而得到精准遏制。

　　企业腐败不是原因而是结果，至于什么引起了腐败、如何预防、控制、遏制腐败，需要回归到企业本身去找原因，什么行业？什么阶段？解决怎样的腐败？即共性和概率问题，

正如本书强调的那样，实体企业和纯线上的互联网企业、金融类企业腐败的土壤差异极大。怎样遏制腐败？本书从不同阶段和业态的实体企业解决内控、反舞弊的方式、手段切入，从案例、数据、逻辑三个层次剖析位于行业头部的企业采用的反腐思路、反腐实践，并针对行业普遍的痛点，如：创始人态度、组织行为、力量配备、利益权衡等多方面，来指引、指导实体企业的反腐道路。

因此，解剖、解析、解密实体企业的反腐密码，试图去解释实体企业的各种业态特征，挖掘属于或近似属于这样企业的类型，剖析他们采用的反腐败策略，来探究实体企业怎样反腐这个实践话题，把反腐败与企业类型结合起来，更加本质地认识，更加清醒地实践，真正让反腐密码打开实体各行业的反腐谜团。

密码之一：面向未来企业形态的反腐。

从农业大国到工业强国，从制造到"智"造……实体经济作为国计民生的生产部门，已经逐渐突破了如种养采掘、纺织加工、建筑安装、石化冶炼、机械制造、交通运输等的典型边界，在线上与线下配合，传统与科技结合，盈利属性与服务属性融合的互动过程中，诞生了既拥有创新的数字技术和能力，又拥有丰富的场景化应用，既具备实体企业的基因和属性，又能够深度理解和融入实体运营的复合状态。

这样的复合形态的企业载体将作为未来企业的存在形态。

在这样的状态下，关于传统的一、二、三产业的定义将变得不再适用，反腐败将面临全新的对象性挑战，作为企业反腐本身首先更该打破对传统行业区分的认识，比如本书选择的案例企业站在实体与虚拟经济融合、现实与未来的交汇点上的，它们的反腐实践拥有如下几个共性特征。

第一，实体经济与虚拟经济不再存在对立关系，相反，不论是互联网企业的实体化衍生，还是传统制造业的数字化转型，都在与"互联网＋"发生着互相渗透地彼此联系，在新的经济体制下，开展新经济反腐需要研究新的经济规律。谈到实体经济，必须改变互联网是虚拟经济的传统观念，新零售、新技术、新金融、新制造、新能源……将会基于信息物理系统的智能装备、智能工厂等智能制造的过程中不断呈现，在引领制造方式的变革的同时，也对腐败治理者提出了新的挑战。继续沿用传统企业的反腐理念，单纯依靠盯摊子、办案子来治理新经济企业产生的腐败问题的想法是低效的，互联网可以为实体经济向数字化、网络化、智能化迈进提供平台和支撑，也为实体企业反腐提供了载体和平台。未来的机遇与压力，是必须明晰的反腐败战场环境。

第二，实体企业反腐要助力经济主体回归本源，实现"合规即发展，反腐即反哺"的监督治理效能。由于实体经济不同于传统金融服务业和房地产业，其最大的区别在于不具有自我扩张和衍生膨胀的特点，是真正能够与环境与自然资

源、劳动力、科技等要素的投入密切相关的实体链条。未来，互联网与金融将成为企业的创新加速器与血液，而非具体的行业形态。因此，实体企业的反腐败是逐步从传统的工业、农业，变迁到与三个产业均相关的新形态。实体企业反腐败将基于数字化、网络化、智能化企业生产规律而着重对于治理环境、人才发展、科技创造良好的企业生态，通过自我监督、自我革命保障企业正确发展方向，成为衡量企业全面发展的重要评估要素。例如：企业 ESG 报告中，在公司治理"G"的环节，反腐败、反舞弊与内部控制水平越发成为企业贯彻落实新发展理念的关键一招，显著反哺研发创新、生产效率和服务水平提升，降低运营成本，提升经营能力，高质量发展召唤高质量监督。

第三，实体经济面向未来与先进科学技术相结合的经济业态决定未来实体企业需要采取"去中心化"的反腐方式。每一次技术的重大突破，往往都会带来一系列新材料、新工艺、新装备，运用这些先进技术对传统实体产业进行改造提升，或者对互联网企业进行数据化的实体渗透，给予内控与监督工作更多着力点，传统的事后监督鉴证的审计过程、被动发起自上而下的鉴证过程、依赖举报线索的调查过程，将通过每一个终端的信息反馈点，建立起一个全天候、大数据、云调查的监督生态，通过与实体产业采购成本、生产效率、产品质量、物流销售等系统监督时时反馈并精确输出问题点，

科技将成为打开权力黑箱的钥匙——企业决策将更多依赖理性而非权威。

密码之二：基于"数据要素"的反腐。

虽然本书开始写作于国际油价屡创新高的 2022 年年初，但如果你认同马克思主义的基本原理，就必须承认生产力在推动社会发展的本质作用。

总有一天，世界将不再需要石油或煤炭，正如现在看似不可或缺的加油站，也将会变成被时代淘汰的拴马桩。

生产力演进的重要体现——人类利用能源的能力，在展现劳动作为人本质特征的过程中展开，人类劳动通过对外物与本我的交互实现生产方式、社会形态、组织结构的迭代，其边际约束就在于资源有限。

当"数据"这一越用越多的几乎"无限性"资源作为生产要素而存在，将极大拓展人类生产方式：一方面，数据赋能可以使"有限"资源得到更深开发而打破生产资料瓶颈，加速原有生产过程，产生新的产品；另一方面，正如早年的汽车曾是可笑的玩具，后来成为主要交通工具一样，汽车制造过程本身的变革又带动了第二次化石燃料的能源革命，实体企业生产出的产品又进一步拓展了数据资源，正如每一辆奔跑在街上的电动车，其实已经超出了车本身，而是一台具有智能的工业机器人，他在随时收集、分析、记录信息，产生更多精准需求，而这个现象将会被运用到越来越多的场景

中去——如果电动汽车收集和分析驾驶习惯，改变的有可能是保险业，让那些有危险驾驶习惯的人支付更高的保险费。

基于原始"一手开发资源，一手创造用户"的企业投资与收益逻辑，作为资源的开发者传统实体企业正在面临着数字化转型，即：如果已经知道所开发的资源是不可再生的有限性资源，就很难还会投入巨资去开发，尤其是在无限性资源同时具有可开发性的条件下，企业家当然会放弃有限性资源，转而投资于无限性资源的开发和利用。在这一过程中，传统的"资源"与"金钱"的交换逻辑——寻租空间——会随着更多资源无限性而流变。

统计资料证明，20世纪70年代以来尤其是1995年之后，90％以上的企业创新聚焦在数据资源的开发和利用。特斯拉、谷歌、亚马逊、阿里巴巴、腾讯等，都是大数据资源的开发者，而数据资源的源头是人类智慧的结晶，是人类社会的思想所创造的无限性资源。思想和阳光一样都是无限性资源，只有让思想的阳光照亮地球，人类才能真正摆脱精神的和物质的污染，告别物以稀为贵，选择物以"人"为贵。

也就是随着现代企业创新的主流正在转向诸如数据、太阳能等无限性生产要素的开发，物以稀为贵的时代即将结束。

新时代需要完善数字经济治理，培育数据要素市场，释放数据要素潜力，提高应用能力，更好赋能经济发展、丰富人民生活。

实体经济的反腐一定是基于数据的反腐。从狭义到广义可以划分为三个层次。

首先，作为实体核心的现代工业经济，包括：制造、采掘、能源、建筑、装备和商品生产供应等，一旦被智能化赋能，便具有了标准化管理、集约化生产、规模化经济、精准化运营的数据性、平台性、网络性特征。反腐过程将从"事后倒查"到"全天候监督"，生产资料产生数据要素的释放，将通过各个数据节点被收集、分析、判断和利用。

其次，如果扩大实体企业的范畴，根据经济活动是否从事物质生产，或者是否为物质生产提供相应的服务，将对象进一步扩大到现代物流交通运输业（铁路、航运、长途）、现代农业（农、林、牧、渔、食品）等不包括金融和地产在内的现代服务业，那么未来将形成围绕物质生产本身，打造全产业的企业共同体，从而压缩企业各自盲目趋利避害而形成的舞弊空间，打破单打独斗、互不买账的状态，打造更加阳光透明的产业链、供应链、供给链会成为好企业的共同诉求，正如阳光诚信联盟那样，形成一个更大企业反腐共同体，从而构建更加透明的营商环境，这也是"新发展理念"在实体企业反腐败层面的治理之路——合规即发展。

再次，实体企业的企业形态、生产方式、生产要素或将会给腐败以"降维打击"。这就是经济学家熊彼特的理论：创造性毁灭。传统企业的数据化转型决定了每一名职业者的职务行为要么被标准化替代，要么被时时记录：前者将通过自动化流程与智能机器人让"岗位责任制衡"通过不增加人工成本得以实现，传统财务舞弊的可能性将进一步降低；后者随着信息对称性与透明度的增加，以往比较容易产生寻租的采购、营销、市场、广告等部门的寻租链条将面临极高的腐败成本。

对于职场人员来说，必须适应"监督无处不在，问责无时不有，举证无人不可，追溯无秘可保"的网络化、大数据化、区块链化生存环境，必须在办公室内外、八小时内外全天候保持对监督和党纪国法司规的敬畏感，必须适应"既管本人又管家人""既管才德又管财产"的全方位监督压力。

在这样的职场环境下，选择只有：廉洁从业，合规经营。

密码之三：价值创造性的反腐。

"有效腐败"理论认为，根据行贿数额来分配许可证和政府合约，在信息极度不对称、不透明、不开放的情况下，是最有可能让最有效率的企业有限拿到许可证或合约的方式，因为它们支付贿赂的能力最高，从而减少选择成本，进而促进经济增长。但进入新时代，通过这样的方式获得收益的模式显然不可持续。

首先，腐败创造价值的假设预设腐败行为带来的扭曲是外生的，而在多数情况下，扭曲和腐败都是同一组因素引起的结果。因为"腐败官员并不一定减少扭曲，相反他们会有意在行政程序上拖延以索取更高贿赂"。也就是当市场变得透明，商事主体平等参与竞争的时候，腐败行为并不会使高效企业获得效益，而是能够让权力在更多"租"中间询价比较。

其次，腐败同时会影响到企业家才能的配置。当腐败变得普遍并被制度化时，一些企业会将原本应用于提高生产率的资源改为投放在争取许可证或进入市场的优先待遇上，各种销售费用的增长会挤占研发投入的资金，吞噬企业的利润空间。

最后，传统企业反腐败的意愿显著低于通过腐败方式获取资源的意愿。个别企业家认为，反腐作为企业内部最激烈的斗争形式，其特点最明显地表现在两个方面：不同于一般的民事活动，反腐是利益的剥夺而非利益平衡，对于员工是人身权利的限制和财产权利的灭失，对于企业则是名誉的损害与员工的流失。不同于一般的管理活动，反腐是价值毁灭而非价值创造：对于企业是管理资源与时间的耗费，对于员工则是家庭与职业生涯的终结。反腐将带来双输的结果，进而更多选择"家丑不外扬""一开了之"……但传统企业基于交易不充分和资源有限性假设会随着技术的进步带来的数据革命和生产力发展产生的能源革命发生根本性变革，越来越多"剥夺性"（零和或负和博弈）企业行为将被"共赢性"价值行为替代——全要素劳动生产率（包括劳动力、人力资源、资本投资开发利用的效率）将代替投资，成为企业价值创造活动的核心因素，人和企业的价值将归于统一，反腐不再作为企业和员工的对抗，而变为企业对员工的保护、企业管理者对企业的治理方式。

那么，再次审视高质量增长的着力点，回到本书第一章阐述的观点：

增长率＝投资率×投资资本收益率

数据已经显示，2007—2012 年我国全要素生产率对经济增长的贡献平均仅为 1.3％，同期资本投资对经济增长的贡献平均高达 7.7％，是改革开放以来各阶段中的最低值和最高值。这意味着近年我国的经济增长主要依靠投资来驱动，而全要素增长率下滑则是经济潜在增速下滑的最主要原因。而全要素增长率的核心因子就是人力资源。

腐败问题恰恰是人出了问题！

反腐创造的价值正是围绕人的发展作出的。

从外部环境看，斩断资本与权力的交换链条，创造阳光的社会投资环境，保护和调动更多社会投资特别是民营经济体（企业法人）的投资积极性，迫使法人主体减少通过腐败或者不正当机会的投机性，引导其在实体、科技等领域坚持不懈地投资和经营，激励符合现代新实体企业特征的企业和科技型人才将注意力放在创造价值本身，规范资金不再因寻租而空转，因行贿而衰减，真正流向实体经济的产业链条中。

从内部因素看，数据要素赋能的现代实体企业能够围绕研发、采购、生产、物流、营销等全流程进行数据化，外加产品本身不断产生形成的数据，实现企业本身就是算法，企业就是不断形成、处理数据的载体。企业最终能够实现运用算法手段开展监督、防控、决策，通过打通价值链的全流程，抹平三道防线的时间差，各个业务节点的廉洁合规风险的治理会从事中、事后的漏斗形成同步治理的平面。实体企业的反腐密码事实上是反哺企业生产经营活动的建设密码。

从企业之间看，现代企业的核心职能在于创造价值，而非野蛮占有。随着供给侧的精准和多层次性，合作将取代竞争成为主流——阳光诚信联盟平台、区域共治组织、行业协会等的实践已经说明：如何让企业资源在阳光下运用、让腐败无处遁形，已经越发成为企业集群日夜思考的重大问题；如何建设诚信体系、提高违纪成本，更成为企业苦苦追寻的现实需求，甚至竞争对手都能够在反腐实践中找到默契。单独一家企业已经无法实现全部的治理要素，正义和诚信的力量能够破除利益的藩篱、穿越观念的差异，在最大限度内促进企业之间在反腐败这一问题上从单打独斗走向开放、互信、共享、共治，这是真正的现代企业治理精神。反腐败承担社会价值创造性而非毁灭性的职能，越来越多的实体企业，将会以诚信经营为使命，以共建共享为出发点，共同推广廉洁自律，奉公守法的经营理念，共同打造诚信经营、放心消费的商业圈、生态链，共同构筑科技反腐败、反舞弊、反欺诈的安全长城。

第七章　实体企业舞弊案件分析报告

不论是从 0 到 1 开展反腐败工作，还是在现有的反腐败工作基础上进行优化改进，标杆企业的反腐败创新实践都可以为我们拓宽思路和视角。但如何快速发现腐败和舞弊，减少由此造成的损失，仍然是一项重要的研究课题。

本书编者团队通过中国裁判文书网（https：//wenshu. court. gov. cn）收集了制造行业、零售行业、物流服务行业司法判决案件的公开信息，从犯罪人员情况、案件类型、犯罪动机等多个维度进行分析，并编制了分析报告，希望为民营企业和反腐败反舞弊从业者提供参考。

从个案来看，许多案件不仅反映了企业管理制度、业务流程上的问题，还反映了诸如员工劳动关系管理、供应商管理、系统管理等多方面的问题。因此，企业反腐败反舞弊工作需要从单一的岗位建设、人员新增，发展至跨岗位、跨部门、同外部专业机构合作的生态链打造。

第一节　制造业舞弊案件分析报告

根据"制造业舞弊案件分析报告"统计，2008 年至 2021 年，14 年间经过司法裁判的 62 家制造行业企业员工舞弊案件共 565 件，涉及被告人 781 人。舞弊案件导致损失超过 3.59 亿元，平均案值约 63.54 万元。制造业舞弊案件概况参见图 7 - 1、图 7 - 2。

一、企业背景与情况说明

1. 企业规模

企业规模以企业的人员规模作为划分标准。根据实际情况，划分成 10 000 人以下，10 000—49 999 人、50 000—99 999人，100 000 人以上四类。能够查询到企业人数的 565 例案件中，10 000 人以下企业案件数量 45 例，10 000—49 999人企业案件数量 157 例，50 000—99 999 人企业案件数量 36 例，100 000 万人以上企业案件数量 327 例。

2. 舞弊类型

在收集的所有案件中，舞弊的罪名共分为六种，即挪用资金罪、职务侵占罪、非国家工作人员受贿罪、盗窃罪、诈骗罪和非法控制计算机信息系统罪。其中挪用资金罪案件最多，有

总体概述

整体包括
 来自全国30个省（自治区、直辖市）

 565件案件，781名涉案人员

 导致损失超过3.59亿元人民币

从开始作案到被发现，历时70个月

2010年8月至2016年6月27日期间，多名被告人系制造企业承运人员，在运输过程中，调包原材料并进行出售，共窃取价值8000余万元的原材料。

典型舞弊案件

男性舞弊带来的损失中位值为21.44万元

女性为24万元

所有舞弊案件中有92.02%的舞弊案件为男性作案带来的总体损失高出女性8.28倍

高层人员犯罪比例较低（仅有4.76%的舞弊案件涉及），但是给企业造成的经济损失最大

● 高层人员平均案件金额178.53万元

● 一般员工89.29万元

● 中层员工46.44万元

制造行业以挪用资金、职务侵占案件为主，行为人以31岁-40岁的中青年为主，一般员工居多，退赔率达87.65%

图7-1　制造业舞弊案件总体概述

270例，非法控制计算机信息系统罪案件最少，有4例。

3. 上市公司情况

根据《中华人民共和国公司法》第四章第五节的相关规定，上市公司是其股票在证券交易所上市交易的股份有限

舞弊的动机，制造行业六类舞弊案件以个人消费为主

个人消费		544例
营利活动		145例
还债		10例
赌博		9例
借贷他人		1例

舞弊类型的案件百分比与涉案金额

舞弊类型	案件百分比	单案平均涉案金额
挪用资金	46%	31.24万元
职务侵占	23%	69.36万元
非国家工作人员受贿	19%	88.10万元
盗窃	8%	183.76万元
诈骗	3%	95.99万元
非法控制计算机信息系统	1%	16.42万元

共同犯罪仅占全部案件的45.94%，涉案金额比独自作案高出3.6倍其中内外勾结的舞弊犯罪造成的损失最为严重。

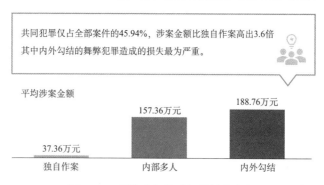

平均涉案金额

37.36万元	157.36万元	188.76万元
独自作案	内部多人	内外勾结

图7-2 制造业舞弊动机及涉案金额

公司。

在所有案发企业中，上市（控股）公司发生舞弊案件182 例，占比为 32%。舞弊案件共给上市公司造成 1.57 亿元损失，其中数额最大的案件涉及盗窃 8 000 万元人民币。

上市（控股）公司舞弊案件的罪名分布情况如下：职务侵占罪共 83 例、非国家工作人员受贿罪共 53 例、盗窃罪共 31 例、诈骗罪共 11 例、挪用资金罪共 9 例、非法控制计算机信息系统罪共 2 例。

发生在上市（控股）公司的舞弊刑事案件中，一般员工有 210 人，占比 78%；中层员工有 48 人，占比 18%；高层人员有 12 人，占比 4%。

二、舞弊犯罪人员情况

1. 性别构成

舞弊犯罪中的性别差异较为显著。通过数据统计，在剔除性别信息缺失的案件后，男性有 611 人，占比 92.02%，女性有 53 人，占比 7.98%，男性数量约为女性的 11.5 倍。

2. 年龄构成

在 781 名被告人中，剔除没有记载年龄信息的犯罪人员，共有 568 名被告人。小于 30 岁以下的有 125 人，31 岁～40 岁的有 273 人，41 岁～50 岁的有 131 人，大于 50 岁的有 39 人。

由上述数据可知，实施舞弊犯罪的人员以中青年为主，平均年龄大约为 36.89 岁。其中，31 岁～40 岁的人数最多，占比达 48.06%，接近总人数的一半。男性舞弊行为人的平均年龄为 36.98 岁，女性舞弊行为人的平均年龄为 35.62 岁。

具体到各项舞弊罪名中，诈骗罪的平均年龄最高，为40.13岁。非法控制计算机信息系统罪的平均年龄最低，为31岁。由此可见，非法控制计算机信息系统罪是较为新颖的犯罪方式，行为人的平均年龄较小。

3. 学历构成

在有学历记载的606名被告人中，初中及以下学历的有233人，高中学历有177人，大专学历有98人，本科学历有89人，硕士及以上学历9人。实施舞弊行为的被告人大多是初中及以下学历，文化水平不高。

行为人为初中及以下学历的舞弊案件共233人，案件涉及总金额1.73亿元，平均金额为74.25万元。

行为人为高中及以上学历的舞弊案件共373人，案件涉及总金额为3.76亿元，平均金额为100.8万元。

较高学历行为人的犯罪行为给企业造成的损失更为严重。

舞弊人员学历情况因罪名不同也会呈现不同的分布，在报告中将具体体现。其中，比较明显的是，盗窃罪、职务侵占罪、诈骗罪、挪用资金罪、非国家工作人员受贿罪等财物类舞弊犯罪中，行为人以低学历为主。初中及以下学历233人，高中学历176，大专学历97人，本科学历88人，硕士以及上学历8人。

4. 职位构成

报告将舞弊犯罪人员的职位分为一般员工、中层员工、高层员工。一般员工指不承担任何管理职责的人员；中层员工指承担部门、团队等层面部分管理职责的人员；高层人员指承担公司层面管理、决策职责的人员。

在有效统计的 715 名被告员工中，有 340 人为一般员工，341 人为中层员工，34 人为高层人员。

高层人员虽然只占到 4.76％，但高层人员的舞弊案件给企业造成的损失最为严重。高层人员单案平均金额为 178.53 万元，高于一般员工的 89.29 万元与中层员工的 46.44 万元。

具体到各项罪名与职位的统计中，一般员工犯挪用资金罪共 25 例，职务侵占罪共 168 例，非国家工作人员受贿罪共 67 例，盗窃罪共 76 例，诈骗罪 4 例，非法控制计算机信息系统罪 3 例。中层员工的数据为 241 例、50 例、55 例、3 例、1 例、1 例。高层人员的数据为 5 例、9 例、14 例、0 例、7 例、0 例。

5. 共同犯罪情况

在本报告所统计的舞弊犯罪中，属于共同犯罪的有 379 例，占比 45.94％。在共同犯罪中，内部多人犯罪有 181 例，内外勾结犯罪有 198 例。

结合具体罪名，在非法控制计算机信息系统、挪用资金、非国家工作人员受贿案件中，行为人独自作案的情况占比较高，分别为 100％、97.8％、64.54％。职务侵占罪中，内外勾结情况较为严重，占比 83.44％。

从舞弊犯罪给企业造成经济损失的角度来看，内外勾结

189

的舞弊犯罪造成损失最为严重，单案平均金额为 188.76 万元。内部多人的舞弊犯罪单案平均金额为 157.36 万元。无共犯的案件损失相对而言较小，单案平均金额为 37.36 万元。

6. 前科劣迹情况

本报告所指前科劣迹是指行为人被判处本次刑罚前所受的其他刑事及行政处罚。在注明前科劣迹情况的判例中，无前科人员有 746 人，占 95.52%。有前科劣迹情况的 35 人。

这也说明部分企业在员工入职调查时不甚严谨，一些曾因舞弊行为被判处刑罚的人员入职后，继续给企业造成严重损失。

同时有前科劣迹信息和职位信息的人数共 28 人，一般员工共 9 人，占比 32.14%；

中层员工共 17 人，占比 60.71%；高层人员共 2 人，占比 7.14%。

三、舞弊刑事案件情况分析

1. 舞弊案件涉案金额情况统计

根据统计，本报告中所提到的挪用资金罪、职务侵占罪、非国家工作人员受贿罪、盗窃罪、诈骗罪、非法控制计算机信息系统罪等案件涉及金额共 3.59 亿元。其中，挪用资金案件涉及金额 8 433.94 万元；职务侵占案件涉及金额 9 155.53 万元；非国家工作人员受贿案件涉及金额 9 603.43 万元；盗窃案件涉及金额 8 636.62 万元；诈骗案件涉及金额 1 631.79 万元；非法控制计算机系统案件涉及金额 49.25 万元。

盗窃罪是单案平均金额最高的罪名，平均金额为 183.76 万元。诈骗行为人主观上是以非法占有的目的，骗取数额较大的财物。非国家工作人员受贿的数额较高，持续时间较长。

非法控制计算机信息系统罪和挪用资金罪的平均涉案金额较低，分别为 16.42 万元、31.24 万元。

2. 挪用资金案件

根据《中华人民共和国刑法》第 272 条的规定，挪用资金是指公司、企业或者其他单位的工作人员，利用职务上的便利，挪用本单位资金归个人使用或者借贷给他人，数额较大、超过三个月未还的，或者虽未超过三个月，但数额较大、进行营利活动的，或者进行非法活动的行为。

本报告调研获取了 270 例企业内部员工挪用资金的有效案例，其中被刑事处罚的员工共计 273 人。

挪用资金舞弊案件，给企业总共造成 8 433.94 万元财物损失。有效数据中，单案挪用金额最高的为 752.62 万元，发生在超大型制造企业财务人员银行卡管理环节。

3. 职务侵占案件

根据《中华人民共和国刑法》第 271 条规定，职务侵占是指公司、企业或者其他单位的工作人员，利用职务上的便利，将本单位财物非法占为己有，数额较大的行为。

职务侵占是常见的舞弊行为之一，员工通过隐瞒收入、虚构支出、直接侵占保管的财物等方式将公司的财物据为己有，这种方式也是最直接损害企业利益的舞弊行为，其危害性极大。我们接触的案例中，职务侵占案值达数百万元，有公司中层管理者伙同十余名内外部人员，侵占公司财产，金额高达946.31万元。

在能够有效统计金额的132个案件中，企业被职务侵占的总额高达9 155.53万元，单案平均侵占金额69.36万元。

约19.69%的案件金额超过100万元，这些案件的侵占金额总共占到了所有案件金额的72.55%。

4. 非国家工作人员受贿案件

根据《中华人民共和国刑法》第163条规定，非国家工作人员受贿是指公司、企业或者其他单位的工作人员，利用职务上的便利，索取他人财物或者非法收受他人财物，为他人谋取利益，数额较大的行为。

本报告调研获取的"非国家工作人员受贿罪"判例共109例有效案例，平均受贿金额为88.10万元，个案受贿金额最多为2 856.14万元。

上述案例中舞弊犯罪人员共计141人。根据统计结果，非国家工作人员受贿罪的主体主要是中青年，犯罪人员的平均年龄为36.88岁。

非国家工作人员受贿中的共同犯罪比例较高，经统计，多人犯罪的有 50 例，占比为 45.87%。在内部多人联合作案的案件中均为同事关系。在内外联合共同犯罪的案件中，外部犯罪人员主要包括合作伙伴、朋友和恋人。

5. 盗窃案件

根据《中华人民共和国刑法》第 264 条的规定，盗窃是指以非法占有为目的，盗窃公私财物数额较大或者多次盗窃、入户盗窃、携带凶器盗窃、扒窃的行为。

盗窃是制造行业常见的舞弊行为之一，操作间或原料间员工利用工作便利，独立或伙同他人将生产原材料或货品偷运出售，这种方式导致企业原材料成本增加、破坏企业正常生产秩序，对企业业务发展危害极大。我们接触的案例中，实施犯罪的人员以一般员工为主，制造行业原材料成本高，因此涉案金额较高，对企业影响较大。

在能够有效统计的制造行业舞弊案件中，涉及盗窃罪 47 个案件，87 个被告人。被盗窃的财物总额为 8 636.62 万元，单案平均盗窃金额 183.76 万元。

第二节 零售业舞弊案件分析报告

根据"零售业舞弊案件分析报告"统计，2011 年至 2021 年，10 年间经过司法裁判的 24 家零售行业企业员工舞弊案

件共 390 件，涉及被告人 635 人。舞弊案件导致损失超过
1.66 亿元，平均案值约 42.56 万元。零售业舞弊案件概况参
见图 7-3、图 7-4。

  总体概述

整体包括

 来自全国30个省（自治区、直辖市）

390件案件，635名涉案人员

¥ 导致损失超过1.66亿元人民币

从开始作案到被发现，历时36个月

多名被告人（系公司采销人员）利用职务便利获取品牌
让利补贴，将该补贴超额分配至通谋经销商指定购买的
商品，通过低价购买、高价卖出的方式获利，所得差价
共计1883.65万元。

典型舞弊案件

男性舞弊带来
的损失中位值
为8.59万元

女性为
6.48万元

所有舞弊案件中
有85.46%的舞弊案件为男性作案
带来的总体损失高出女性18.99倍

高层人员犯罪比例较低（仅有8.2%的
舞弊案件涉及），但是给企业造成的
经济损失最大

● 高层人员平均案件金额86.13万元

● 中层员工78.95万元

● 一般员工45.04万元

零售行业以诈骗、职务侵占案件为主，行为人
以18岁-40岁的中青年为主，一线员工居多，退
赔率达78.77%

图 7-3　零售业舞弊案件总体概述

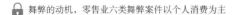 舞弊的动机，零售业六类舞弊案件以个人消费为主

个人消费　542例

还债　14例

赌博　8例

舞弊类型的案件百分比与涉案金额

舞弊类型	案件百分比		单案平均涉案金额	
诈骗		52%		25.75万元
职务侵占		24%		76.96万元
非国家工作人员受贿		13%		60.00万元
盗窃		6%		28.15万元
挪用资金		3%		59.53万元
侵犯公民个人信息		2%		16.49万元

共同犯罪仅占全部案件的55.28%，涉案金额比独自作案高出2倍，其中内部多人勾结的舞弊犯罪造成的损失最为严重。

 平均涉案金额

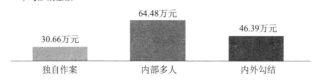

30.66万元　　64.48万元　　46.39万元

独自作案　　内部多人　　内外勾结

图7-4　零售业舞弊案件动机及涉案金额

一、企业背景与情况说明

1. 企业规模

企业规模以企业的人员规模作为划分标准。根据实际情

况，划分成 10 000 人以下，10 000—49 999 人、50 000—99 999 人及 100 000 人以上四类。能够查询到企业人数的 390 例案件中，10 000 人以下企业案件数量 81 例，10 000—49 999 人企业案件数量 62 例，50 000—99 999 人企业案件数量 147 例、100 000 人以上企业案件数量 100 例。

2. 舞弊类型

在收集的所有案件中，舞弊类型共分为六种，即诈骗罪、职务侵占罪、非国家工作人员受贿罪、盗窃罪、挪用资金罪和侵犯公民个人信息罪。其中诈骗罪案件最多，有 209 例，侵犯公民个人信息罪最少，有 6 例。

3. 上市公司情况

根据《中华人民共和国公司法》第四章第五节的相关规定，上市公司是其股票在证券交易所上市交易的股份有限公司。

在所有案发企业中，上市（控股）公司发生舞弊案件 373 例，占比为 93%。涉案金额总计 1.59 亿元，其中数额最大的案件涉及职务侵占 1 883.65 万元人民币，上市（控股）公司舞弊案件的平均涉案金额为 42.63 万元。

上市（控股）公司舞弊案件的罪名分布情况如下：诈骗罪共 194 例，职务侵占罪共 91 例，非国家工作人员受贿罪共 48 例，盗窃罪共 21 例，挪用资金罪共 13 例，侵犯公民个人信息罪共 6 例。

发生在上市（控股）公司的舞弊刑事案件中，一般员工有 167 人，占比 56%；中层员工有 105 人，占比 35%；高层人员有 25 人，占比 9%。

二、舞弊犯罪人员情况

1. 性别构成

舞弊犯罪中的性别差异较为显著。通过数据统计，在剔除性别信息缺失的案件后，男性有 482 人，占比 85.46%，女性有 82 人，占比 14.54%，男性数量约为女性数量的 5.9 倍。

2. 年龄构成

在 635 个被告人中，剔除没有记载年龄信息的犯罪人员，共有 566 个被告人。30 岁以下的有 347 人，31 岁～40 岁的有 190 人，41 岁～50 岁的有 26 人，大于 50 岁的有 3 人。

通过对上述数据分析，实施舞弊犯罪的人员以青年为主，平均年龄大约为 29.56 岁。其中，18 岁～31 岁的人数最多，占比达 61.31%，超过总人数的一半。男性舞弊行为人的平均年龄为 29.13 岁，女性舞弊行为人的平均年龄为 32.42 岁。

具体到各项舞弊罪名中，挪用资金罪的平均年龄最高，为 35.92 岁。诈骗罪的平均年龄最低，为 28.21 岁。

3. 学历构成

在有学历记载的 423 名被告人中，初中及以下学历的有

139 人，高中学历有 113 人，大专学历有 93 人，本科学历有 76 人，硕士学历有 2 人。实施舞弊行为的被告人大多是初中及以下学历，文化水平不高。

行为人为初中及以下学历的舞弊案件共 139 人，案件涉及总金额 5 344.98 万元，平均每人涉案金额为 38.45 万元。

行为人为高中及以上学历的舞弊案件共 284 人，案件涉及总金额为 1.17 亿元，平均每人涉案金额为 41.20 万元。

较高学历行为人的犯罪行为给企业造成的损失更为严重。

舞弊人员学历情况因罪名不同也会呈现不同的分布。其中，比较明显的是，诈骗罪、职务侵占罪、非国家工作人员受贿罪、盗窃罪、挪用资金罪等财物类舞弊犯罪中，行为人以低学历为主。初中及以下学历 137 人，高中学历 113 人，大专学历 92 人，本科学历 74 人，硕士学历 2 人。

而侵犯公民个人信息犯罪行为人的学历较为平均，初中及以下学历 2 人，大专学历 1 人，本科学历 2 人。

4. 职位构成

报告将舞弊犯罪人员的职位分为一般员工、中层员工、高层员工。一般员工指不承担任何管理职责的人员；中层员工指承担部门、团队等层面部分管理职责的人员；高层人员指承担公司层面管理、决策职责的人员。

在有效统计的 317 名被告员工中，有 179 人为一般员工，112 人为中层员工，26 人为高层人员。

高层人员虽然只占到 8.20%，但高层人员的舞弊案件给企业造成的损失最为严重。高层人员单案平均金额为 86.13 万元，高于一般员工的 45.04 万元与中层员工的 78.95 万元。

具体到各项罪名与职位的统计中，一般员工犯诈骗罪共 63 例，职务侵占罪共 66 例，非国家工作人员受贿罪共 18 例，盗窃罪共 24 例，挪用资金罪 7 例，侵犯公民个人信息罪 6 例。中层员工的数据为 17 例、47 例、46 例、1 例、6 例、0 例。高层人员的数据为 11 例、10 例、4 例、0 例、0 例、2 例。

5. 共同犯罪情况

在本报告所统计的舞弊犯罪中，属于共同犯罪的有 351 例，占比 55.28%。在共同犯罪中，内部多人犯罪有 58 例，内外勾结犯罪有 293 例。

结合具体罪名，在盗窃、挪用资金、职务侵占、非国家工作人员受贿案件中，行为人独自作案的情况占比较高，分别为 88.89%、86.67%、65.57%、56.94%。侵犯公民个人信息、诈骗案件中，内外勾结情况较为严重，占比 72.73%、67.18%。

从舞弊犯罪给企业造成经济损失的角度来看，内部多人的舞弊犯罪造成损失最为严重，单案平均金额为 64.48 万元。内外勾结的舞弊犯罪单案平均金额为 46.39 万元。

无共犯的案件损失相对而言较小，单案平均金额为 30.66 万元。

6. 前科劣迹情况

本报告所指前科劣迹是指行为人判处本次刑罚前所受的其他刑事及行政处罚。在注明前科劣迹情况的判例中，无前科劣迹人员有 612 人，占 96.38%。有前科劣迹情况的 23 人，占比 3.62%。

这也说明部分企业在员工入职调查时不甚严谨，一些曾因舞弊行为被判处刑罚的人员入职后，继续给企业造成严重损失。

同时有前科劣迹信息和职位信息的人数共 6 人，全部为一般员工。

三、舞弊刑事案件情况分析

1. 舞弊案件涉案金额情况统计

根据统计，本报告中所提到的诈骗罪、职务侵占罪、非国家工作人员受贿罪、盗窃罪、挪用资金罪、侵犯公民个人信息罪等案件涉及金额共 1.66 亿元。其中，诈骗案件涉及金额 5 382.49 万元；职务侵占案件涉及金额 7 464.79 万元；非国家工作人员受贿案件涉及金额 3 000.04 万元；盗窃案件涉及金额 703.73 万元；挪用资金案件涉及金额 833.47 万元；侵犯公民个人信息案件涉及金额 32.99 万元。

职务侵占罪仍是单案平均金额最高的罪名，金额为76.96万元。职务侵占行为人主观上是以非法占有为目的，利用职务便利，侵占公司财物，侵占的数额较高，持续时间较长。

侵犯公民个人信息罪平均涉案金额较低，为16.49万元。该金额系行为人获利金额，而非企业直接损失金额。

2. 职务侵占案件

职务侵占是常见的舞弊行为之一，员工通过隐瞒收入、虚构支出、直接侵占保管的财产等方式将公司的财物据为己有，这种方式也是最直接损害企业利益的舞弊行为，其危害性极大。我们接触的案例中，职务侵占案值达数千万元，其中公司中层管理人员伙同经销商侵占公司产品销售差价，涉案金额高达1 883.65万元。

在能够有效统计金额的97个案件中，职务侵占的总额高达7 464.79万元，单案平均侵占金额76.96万元。

约29.89%的案件金额超过50万，这些案件的侵占金额总共占到了所有案件金额的85.81%。

3. 非国家工作人员受贿案件

本报告调研获取的"非国家工作人员受贿罪"判例共50例有效案例，平均受贿金额为60万元，个案受贿金额最多为631.29万元。

上述案例中舞弊犯罪人员共计72人。根据统计结果，非国家工作人员受贿罪的主体主要是中青年，即26岁到40岁的职工，犯罪人员的平均年龄为32.54岁。

非国家工作人员受贿中的共同犯罪比例较高，经统计，多人犯罪的有31例，占比为43.06%，均为同事关系。

4. 盗窃案件

盗窃主要是门店营业员、仓库管理员、分拣员以及配送员利用身份便利，利用收银管理、商品管理与派送货物之机，独立或伙同他人将财物据为己有，这种方式也是最直接损害企业品牌形象的舞弊行为，对其业务发展危害极大。我们接触的案例中，实施犯罪的人员以一线员工为主，涉案金额较低，但案件发生频次较高，影响较大。

在能够有效统计的零售行业舞弊案件中，盗窃罪25个案件，27个被告人。被盗窃的总额为703.73万元，单案平均盗窃金额28.15万元。

5. 挪用资金案件

本报告调研获取了14例企业内部员工挪用资金的有效案例，其中被刑事处罚的员工共计15人。

挪用资金舞弊案件，给企业总共造成833.47万元财物损失。有效数据中，单案挪用金额最高的为200.14万元，发生在中型零售公司，行为人利用职务便利，通过个人银行账户截留应入账款，用于个人消费与投资。

第三节　物流业舞弊案件分析报告

根据"物流业舞弊案件分析报告"统计，2011 年至 2021 年，10 年间经过司法裁判的 10 家物流行业企业员工舞弊案件共 316 件，涉及被告人 410 人。舞弊案件造成损失总计 5 388.23 万元，平均案值约 17.05 万元。物流业舞弊案件概况参见图 7-5、图 7-6。

一、企业背景与情况说明

1. 企业规模

企业规模以企业的人员规模作为划分标准。根据实际情况，划分成 100—999 人，1 000—9 999 人及 10 000 人以上三类。能够查询到企业人数的 316 例案件中，100—999 人企业案件数量 2 例，1 000—9 999 人企业案件数量 73 例，10 000 人以上企业案件数量 241 例。

2. 舞弊类型

在收集的所有案件中，舞弊类型共分为六种，即盗窃罪、职务侵占罪、诈骗罪、挪用资金罪、非国家工作人员受贿罪和侵犯公民个人信息罪。其中盗窃罪案件最多，有 154 例，侵犯公民个人信息罪案件最少，有 7 例。

总体概述

整体包括
来自全国28个省（自治区、直辖市）

316件案件，410名涉案人员

导致损失超过5380万元人民币

从开始作案到被发现，历时15个月

被告人系公司销售人员，利用职务便利，伙同外部物流公司虚构承运业务，虚报发货，套取公司垫付运费815万元，实际侵占金额385万元。

典型舞弊案件

男性舞弊带来的损失中位值为5.8万元

女性为12.12万元

所有舞弊案件中有94.83%的舞弊案件为男性作案带来的总体损失高出女性7.42倍

高层人员犯罪比例较低（仅有5.02%的舞弊案件涉及），但是给企业造成的经济损失最大

● 高层人员平均案件金额113万元

● 中层员工41.36万元

● 一般员工16.15万元

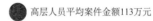
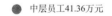

物流行业以盗窃、职务侵占案件为主，行为人以18岁~40岁的中青年为主，一线员工居多，退赔率达83.9%

图 7 - 5　物流业舞弊案件概述

3. 上市公司情况

在所有案发企业中，上市（控股）公司发生舞弊案件314例，占比为99%。舞弊案件共给上市公司造成5 328万元损失，其中数额最大的案件涉及职务侵占385.8万元人民币，上市

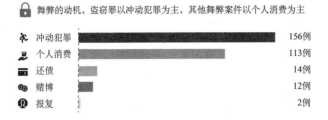

舞弊的动机，盗窃罪以冲动犯罪为主，其他舞弊案件以个人消费为主

冲动犯罪		156例
个人消费		113例
还债		14例
赌博		12例
报复		2例

舞弊类型的案件百分比与涉案金额

舞弊类型	案件百分比		单案平均涉案金额	
盗窃		48%		2.32万元
职务侵占		30%		27.95万元
诈骗		8%		11.79万元
挪用资金		6%		69.02万元
非国家工作人员受贿		6%		46.07万元
侵犯公民个人信息		2%		4.24万元

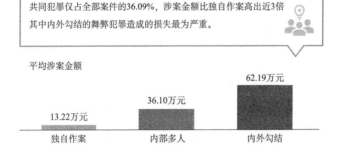

共同犯罪仅占全部案件的36.09%，涉案金额比独自作案高出近3倍
其中内外勾结的舞弊犯罪造成的损失最为严重。

平均涉案金额

13.22万元	36.10万元	62.19万元
独自作案	内部多人	内外勾结

图7-6 物流业舞弊案件的动机和涉案金额

（控股）公司舞弊案件的平均涉案金额为 16.97 万元。

上市（控股）公司舞弊案件的罪名分布情况如下：盗窃罪共 153 例，职务侵占罪共 96 例，诈骗罪共 24 例，挪用资金罪共 20 例，非国家工作人员受贿罪共 19 例，侵犯公民个人信息罪共 7 例。

发生在上市（控股）公司的舞弊刑事案件中，一般员工有 298 人，占比 81％；中层员工有 53 人，占比 14％；高层人员有 19 人，占比 5％。

二、舞弊犯罪人员情况

1. 性别构成

舞弊犯罪中的性别差异较为显著。通过数据统计，在剔除性别信息缺失的案件后，男性有 313 人，占比 94.83％，女性有 17 人，占比 5.17％，男性数量约为女性的 19 倍。

2. 年龄构成

在 410 个被告人中，剔除没有记载年龄信息的犯罪人员，共有 313 个被告人。小于 30 岁以下的有 140 人，31 岁～40 岁的有 128 人，41 岁～50 岁的有 42 人，大于 50 岁的有 3 人。

由上述数据可知，实施舞弊犯罪的人员以青年为主，平均年龄为 32.68 岁。其中，18 岁～31 岁的人数最多，占比达 44.73％，接近总人数的一半。男性舞弊行为人的平均年龄为 32.54 岁，女性舞弊行为人的平均年龄为 35.44 岁。

具体到各项舞弊罪名中，非国家工作人员受贿罪行为人的平均年龄最高，为 38.29 岁。侵犯公民个人信息罪行为人的平均年龄最低，为 27.56 岁。由此可见，侵犯公民个人信息罪是较为新颖的犯罪方式，行为人的平均年龄较小。

3. 学历构成

在有学历记载的 278 名被告人中，初中及以下学历的有 141 人，高中学历有 74 人，大专学历有 41 人，本科学历有 22 人。实施舞弊行为的被告人大多是初中及以下学历，文化水平不高。

行为人为初中及以下学历的舞弊案件共 141 人，案件涉及总金额 1 320.69 万元，平均涉及金额为 9.37 万元。

行为人为高中及以上学历的舞弊案件共 137 人，案件涉及总金额为 4 939.15 万元，平均涉及金额为 36.05 万元。

较高学历行为人的犯罪行为给企业造成的损失更为严重。

舞弊人员学历情况因罪名不同也会呈现不同的分布，其中，比较明显的是，盗窃罪、职务侵占罪、诈骗罪、挪用资金罪、非国家工作人员受贿罪等财物类舞弊犯罪中，行为人以低学历为主。初中及以下学历 136 人，高中学历 69 人，大专学历 39 人，本科学历 20 人。

而侵犯公民个人信息犯罪行为人的学历较为平均，初中及以下学历者 4 人，高中学历 2 人，大专学历 1 人，本科学历 1 人。

4. 职位构成

报告将舞弊犯罪人员的职位分为一般员工、中层员工、高层人员。一般员工指不承担任何管理职责的人员；中层员工指承担部门、团队等层面部分管理职责的人员；高层人员指承担公司层面管理、决策职责的人员。

在有效统计的 375 名被告员工中，有 303 人为一般员工，53 人为中层员工，19 人为高层人员。

高层人员虽然只占到 5.02%，但高层人员的舞弊案件给企业造成的损失最为严重。高层人员单案平均涉及金额为 113 万元，高于一般员工的 16.15 万元与中层员工的 41.36 万元。

具体到各项罪名与职位的统计中，一般员工犯盗窃罪共 168 例，职务侵占罪共 76 例，诈骗罪共 24 例，挪用资金罪共 14 例，非国家工作人员受贿罪 14 例，侵犯公民个人信息罪 6 例。中层员工的数据分别为 1 例、30 例、2 例、6 例、12 例、11 例。高层人员的数据分别为 0 例、7 例、1 例、3 例、6 例、0 例。

5. 共同犯罪情况

在本报告所统计的舞弊犯罪中，属于共同犯罪的有 148 例，占比 36.09%。在共同犯罪案件中，内部多人犯罪有 90 例，内外勾结犯罪有 58 例。

结合具体罪名，在挪用资金、盗窃、职务侵占案件中，行为人独自作案的情况占比较高，分别为 88%、74.44%、63.56%。侵犯公民个人信息罪案件中，内外勾结情况较为严重，占比 76.92%。

从舞弊犯罪给企业造成经济损失的角度来看，内外勾结的舞弊犯罪造成损失最为严重，单案平均金额为 62.19 万元。内部多人的舞弊犯罪单案平均金额为 36.1 万元。无共犯的案件损失相对而言较小，单案平均金额为 13.22 万。

6. 前科劣迹情况

前科劣迹是指行为人判处本次刑罚前受过其他刑事及行政处罚。在注明前科劣迹情况的判例中，无前科劣迹人员有369 人，占 90%。有前科劣迹情况的 41 人。

这也说明部分企业在员工入职调查时不甚严谨，一些曾因舞弊行为被判处刑罚的人员入职后，继续给企业造成严重损失。

同时有前科劣迹信息和职位信息的人数共 40 人，一般员工共 37 人，占比 92.5%；中层员工共 2 人，占比 5%；高层人员共 1 人，占比 2.5%。

三、舞弊刑事案件司法处置情况分析

1. 舞弊案件涉案金额情况统计

根据统计，本报告中所提到的盗窃罪、职务侵占罪、诈骗罪、挪用资金罪、非国家工作人员受贿罪、侵犯公民个人信息罪等案件涉及金额共 5 388.23 万元。其中，盗窃案件涉及金额 357.69 万元；职务侵占案件涉及金额 2 711.46 万元；诈骗案件涉及金额 283.02 万元；挪用资金案件涉及金额1 380.44 万元；非国家工作人员受贿案件涉及金额 875.29 万元；侵犯公民个人信息案件涉及金额 21.22 万元。

挪用资金罪是单案平均金额最高的罪名，平均金额为69.02 万元。挪用资金行为人往往法律意识淡薄，挪用资金的数额较高，持续时间较长。

侵犯公民个人信息罪和盗窃罪的平均涉案金额较低，为4.24万元、2.54万元。该金额系行为人获利金额，而非企业直接损失金额。

2. 盗窃案件

盗窃是物流行业常见的舞弊行为之一，仓储及配送员工利用身份便利，利用商品管理与派送货物之机，独立或伙同他人将物品据为己有，这种方式也是最直接损害企业品牌形象的舞弊行为，对其业务发展危害极大。我们接触的案例中，实施犯罪的人员以一线员工为主，涉案金额较低，但案件发生频次较高，影响较大。

在能够有效统计的物流行业舞弊案件中，盗窃罪154个案件，180个被告人，占比48.73%。被盗窃的总额为357.69万元，单案平均盗窃金额2.32万元。

3. 职务侵占案件

职务侵占是常见的舞弊行为之一，员工通过隐瞒收入、虚构支出、直接侵占保管的财产等方式将公司的财物据为己有，这种方式也是最直接损害企业利益的舞弊行为，其危害性极大。我们接触的案例中，职务侵占案值达数百万元，其中公司管理层人员职务侵占金额高达385万元。

在能够有效统计金额的97个案件中，企业被职务侵占的总额高达2 711.46万元，单案平均侵占金额27.95万元。

14.43%的案件金额超过 50 万元，这些案件的侵占金额占所有案件金额的 56.31%。

4. 挪用资金案件

本报告调研获取了 20 例企业内部员工挪用资金的有效案例，其中被刑事处罚的员工共计 25 人。

挪用资金舞弊案件，给企业总共造成 1 380.44 万元财物损失。有效数据中，单案挪用金额最高的为 366.29 万元，发生在中型物流公司虚构业务合同环节。

5. 非国家工作人员受贿案件

本报告调研获取的"非国家工作人员受贿罪"判例共 19 例有效案例，平均受贿金额为 46.07 万元，个案受贿金额最多为 187.99 万元。

上述案例中舞弊犯罪人员共计 34 人。根据统计结果，非国家工作人员受贿罪的主体主要是中青年，即 26 岁到 40 岁的职工，犯罪人员的平均年龄为 38.29 岁。

非国家工作人员受贿中的共同犯罪比例较高，经统计，多人犯罪的有 24 例，占比为 70.6%。在内部多人联合作案的案件中行为人均为同事关系。在内外联合共同犯罪的案件中，外部犯罪人员主要包括朋友和商业伙伴。

（限于篇幅，仅简要介绍以上报告重点内容。关于制造业、零售业、物流业全部详细舞弊案件分析报告全文，可扫描二维码下载。）

第八章 企业廉洁合规行动指南：像守护生命一样去守护廉洁

　　企业的内部腐败案件的频发和媒体的深度报道引起了企业管理者的极大关注。企业内部腐败是一大毒瘤，是寄生在企业内部的暗疮，短期来看，会抑制企业经营绩效的增长；长期来看，会影响企业持续健康的发展。企业的腐败风险无处不在，如何开展有效的廉洁合规工作，降低经营风险并增加利润，已经成为每一家企业必须直面的挑战。廉洁合规在企业内也绝不仅仅是"查案子"那么简单，它需要服务于企业的使命和愿景，融入企业的价值观，成为企业治理中的"无形之手"，扼住腐败的"咽喉"。廉洁合规是企业发展的生命线，廉洁合规也是提升企业竞争力的有力支撑。

　　编者团队调研走访了国内 300 余家头部知名企业和各行

业的龙头企业，在总结民营企业廉洁创新实践的基础上，结合 ACFE 发布的《反舞弊行动手册》及 COSO 委员会发布的《企业风险管理框架》等研究成果，提炼总结出一套关于民营企业廉洁合规的"阳光生态"模型（参见图 8 - 1），并从民营企业反腐败实践的角度提供可操作、可落地的指导，希望能帮助民营企业及廉洁合规从业者有效开展廉洁合规工作，供参考之用。

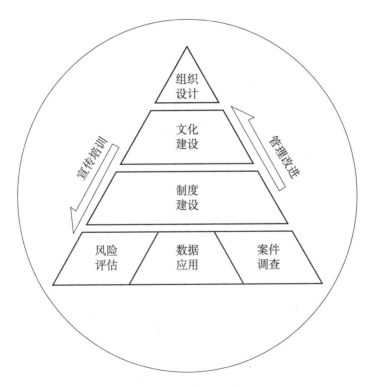

图 8 - 1　"阳光生态"廉洁合规模型

第一节 组织设计：给廉洁合规装上一颗"心脏"

组织保障是在企业内部开展廉洁合规工作的前提。负责廉洁合规工作的部门在民营企业有许多的称谓，比如监察部、审计监察部、监察中心、廉正监察部等，但从企业廉洁合规的实践效果的角度来看，监察部的称谓更为直接、更易于大家的理解和形成共识。

监察部有效开展廉洁合规工作，在组织设计上需要考虑以下三个要素（参见图8-2）：

1. 独立性

廉洁合规工作的性质要求监察部门在组织架构上有一定的独立性，直接向董事会或 CEO 汇报，且不受其他部门的干预。

图 8-2 组织设计之要素

2. 领头性

廉洁合规工作是公司治理的一部分，在监察部牵头下，需要各个部门的参与，不仅是一线的业务部门，还需要审计部、人力资源部、法务部、行政部、技术研发部等多个职能部门的参与。

3. 专业性

廉洁合规是一项专业性极强且跨越多个学科领域的工作，

包括体系搭建、机制建设、文化建设、制度编制、风险识别、风险应对、信息系统、技术应用、案件调查、宣传培训、工作合规等多个方面，公司需要配备相关专业人才和研发技术人员的支持。

第二节 文化建设："人人反腐"让腐败无处可藏

民营企业廉洁诚信文化的氛围对于增强员工的廉洁意识、遵守公司反腐败制度、对腐败行为进行举报等具有重要的意义。廉洁诚信文化的构建可以通过塑造共同的价值观、获得相关方承诺、相互监督等方式进行落地，企业需要根据自身特定的腐败风险和廉洁合规目标等具体情况制定具体措施。

腐败案件的发生往往取决于机会、动机、合理化三个要素，也就是国际上常说的"舞弊三角"，相对应的"诚信三角"是塑造诚信文化的有力工具，包括了责任、权力、义务三个要素（参见图8-3），当员工意识到自己对公司负有责任，有权力在公司中推进反腐工作，有义务共同打击腐败行为，廉洁诚信文化必然能够在公司内部生根发芽，最终长成参天大树。

1. 责任

通过发布《商业行为准则》和"反腐败声明"传达企业对廉洁的坚守，让廉洁合规成为企业全体员工的责任。

●《商业行为准则》向公司内部及社会公众传达了公司商

业行为的原则和底线，不仅昭
示了公司遵守法律法规，而且
遵从商业道德。

图 8-3　诚信三角

●"反腐败声明"向公司内
部和社会公众传达了公司对腐
败行为的态度和打击腐败行为
的决心。

2. 义务

通过与员工签署"员工反腐败承诺书"、与合作伙伴签署
"反商业贿赂协议"，获取员工和合作伙伴的廉洁承诺，使员
工和合作伙伴负有反腐败的义务。

●"员工反腐败承诺书"由公司与员工签署，约束了员工
在工作场景中的行为红线，详尽列举了员工不能触碰的腐败
行为。

●"反商业贿赂协议"由公司与合作伙伴签署，明确了合
作期间的红线，共同遵守反商业贿赂的约定，并对违约行为
承担责任。

3. 权力

建立腐败举报机制，鼓励员工和合作伙伴举报腐败行为。通
过发布《举报人保护与奖励制度》提供举报涉及腐败行为的方法
与渠道，并对举报人进行保护和奖励，对于构建全员参与的廉洁
诚信文化及获取关键线索开展腐败调查都至关重要。

第三节　制度建设：将"权力"关进"笼子"

制度是开展廉洁合规工作的依据。廉洁制度的最终发布在不同的企业会经过不同的程序，一般来说，需要经过调研、编制、审核、签发、公示等过程。调研是必不可少的前置环节，如果发布的制度脱离业务实际情况不能真正服务于企业发展，最终只能是一纸空文，难以落实。编制工作一般由监察部承担，编制完成后需要经过法务部门的审核，由董事会或 CEO 签发。制度公示工作需要特别注意的是务必让当事人知晓以及留存公示的证据，例如制度需要送达员工本人手中并签署确认函。

廉洁制度包括企业、机制、场景三个层面（参见图 8-4）：

1. 企业层

《企业反腐败政策》是企业反腐败制度的顶层制度，也是制订系列反腐败相关制度的依据；

《合作伙伴反腐败政策》从合作伙伴角度出发规范了公司和合作伙伴之间的商业行为，确保合作以廉洁合规为前提。

图 8-4　廉洁制度的三个层面

2. 机制层

《利益冲突申报与管理制度》明确了利益冲突的具体情形

217

及员工潜在利益冲突情况的申报政策，有效降低利益冲突带来的腐败风险；

《举报人保护与奖励制度》提供了举报腐败行为的方法与渠道，并对举报人进行保护和奖励，对于获取腐败线索和降低腐败发生的可能性极其重要。

3. 场景层

《礼品及馈赠申报制度》从员工角度出发规范了员工接受合作伙伴礼品馈赠的行为；

《活动及宴请管理制度》从员工角度出发规范了常见的合作伙伴间的宴请行为。

第四节　风险评估：像福尔摩斯一样思考

识别腐败手段是对企业进行腐败风险评估的前提，可以通过搜索裁判文书网的判例、同行业交流、跨部门头脑风暴等方式对腐败手段进行梳理，在对腐败手段进行梳理的过程中，需要结合公司所属的行业特点及公司的实际业务特点。

腐败风险地图是用来识别分析整个公司腐败风险的有效工具，它能够具体地展示潜在腐败手段及相关信息，它适用于公司的各个部门和各个业务场景，对于构建公司的腐败风险信息库及应对腐败具有重要的意义，以下是腐败风险地图的示例（参见表8-1）。

表 8-1 腐败风险地图示例表

部门	内部或外部	腐败类别	腐败手段	腐败人员	腐败风险切入点	潜在腐败风险	相关控制活动
营销部	内外部	受贿	违规申请折扣	销售	业务系统	客户向销售人员行贿，违规获取折扣，造成公司资产损失	权责拆分，流程审批
财务部	内部	职务侵占	侵占公司资金	出纳	报销、入账付款、做账	收取公司客户、员工现金而不缴存公司账户，或者缴存个人账户后而不转入公司账户的方式侵占公司资金，年末编造虚假未达账项、虚构对供应商付款等方式侵占公司资产	定期审查，权责拆分，流程审批，
采购部	内外部	受贿，职务侵占	供应商违规准入，虚构供应商，虚高结算款	采购员	供应商管理系统，招投标系统	收受不合格供应商贿赂，供应商提供残次品或虚高结算金额，造成公司损失；虚构不存在的供应商，将公司资金打入个人账户，造成公司损失	签署廉洁协议，权责拆分，流程审批，供应商追责机制

续表

部门	内部或外部	腐败类别	腐败手段	腐败人员	腐败风险切入点	潜在腐败风险	相关控制活动
运输部	内外部	职务侵占	虚构事由，偷卖公司货品	司机	运输过程	司机虚构事由，联合外部人员将公司货品进行低价转卖，造成公司货物损失，影响客户交付与公司声誉	运输全流程监控，设置货物盘点对账环节
仓储部	内外部	职务侵占	虚构事由，偷卖公司货品	仓管	货物储存环节	利用仓库管理便利，虚构库存或货物损失，将公司货品进行低价转卖，造成公司资产损失	仓储监控，定期盘点

在应用腐败风险地图的过程中，可以重点关注以下问题：

● 确定如何划分腐败风险地图的维度，可以按照部门、业务等进行分类。在腐败风险梳理过程中需要考虑整个企业，并结合同行业的腐败风险点进行分析。

● 制定腐败风险地图框架，上述模板可以直接用来使用，如果不能满足需求，可以根据公司实际情况对地图模板进行调整。

● 尽可能识别腐败风险地图中每个部分的腐败手段，例如在部门内头脑风暴、与相关利益者进行交流、对相关数据进行分析等。

● 将所有识别的腐败手段整合到腐败风险地图，确保在现有的信息下没有遗漏。

● 定期更新优化腐败风险地图，尤其是在进行案件复盘后将相关信息进行梳理，整合进腐败风险地图。

第五节 数据应用：让数据"说出"线索

不论是基础的数据分析还是应用人工智能技术对大数据进行分析，都是腐败预防、管控、调查等各个环节必不可少的工作，这取决于公司面临的腐败风险的复杂性、优先级以及可调配的资源投入。互联网或技术公司在这个环节往往具有先发优势，内部数据得到了历史的积累，且技术开发较为成熟，但也有越来越多的传统企业已经重视数据和技术在内部治理中的应用，但不论是用人工进行分析还是用技术手段进行分析，对于风险控制来说都是必不可少的。当我们在公司建立了多个数据分析工具后，可以考虑将这些工具集成于一个技术平台，提高内部反腐败工作的协调效率。在条件允许的情况下，可以考虑采购市场上成熟的调查和取证工具。

在应用分析技术应对腐败风险时，可以参考以下操作（参见图8-5）：

● 设计分析方案。

基于腐败风险评估确定的优先级反腐方案找到相关的数据源，并评估数据源的可采集性和可使用性，如果可采集且

221

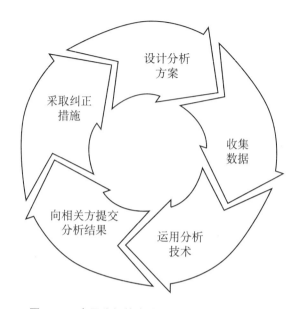

图 8-5　应用分析技术应对腐败风险的操作流程

可使用，就可以基于此确定分析技术；

● 收集数据。

在向相关利益方收集数据的过程中，数据要经过提取、转换和验证，以确保最终输出的结果对于腐败风险管控有实际意义，并确保这个过程合法合规。

● 运用分析技术。

在对数据进行分析的过程中，需要根据数据质量和测试结果进行不断的优化，确保人工分析或技术分析输出结果的准确性和相关性。

● 向相关方提交分析结果。

如果通过分析技术获得了线索，发现了潜在的腐败事件，需要按照公司的反腐败政策将相关信息提交给腐败调查小组。

● 采取纠正措施。

分析结果还可以应用到腐败风险评估中，这可能对腐败风险治理的优先级产生影响，当然，这不意味着工作已经结束，数据分析是一个持续往复和不断优化的过程。

第六节 案件调查：一步一步还原真相

开展有效的腐败调查是企业腐败治理工作的抓手，不仅可以发现具体的腐败案件，还可以发现其他相关的腐败行为，同时还会在公司内部形成有力的威慑，展示公司对腐败的态度和诚信的价值观。在经济上还可以进行有效的止损甚至挽损，对于公司经营的成本控制和利润提升都十分重要。有效的腐败调查包括计划、取证、访谈、还原、报告五个要素（参见图 8-6）。

在开展腐败调查时，要重点开展以下工作：

● 计划：获取到腐败案件的线索后，需要对线索的真实性进行评估，进而制定详尽的调查计划，包括调查目标、调查员、调查时间、调查所需的资源等。

● 取证：根据线索对案件进行有效取证是锁定当事人和具体行为的关键，一般证据包括物证、书证、证人证言、当事人陈述、鉴定意见、视听资料、电子数据等，需要注意的

图 8-6 有效的腐败调查五要素

是，证据必须经过查证属实，且形成证据链。

● 访谈：访谈对象包括怀疑的案件当事人、举报人和证人，这也是对当前证据所不能证明的客观细节的补充，在此过程中要注意个人信息和访谈信息的保护工作。

● 还原：根据取证和访谈的结果对案件面貌进行客观还原，明确谁参与了案件、使用了什么手段、做了哪些事情、什么时间做的、造成了什么后果等。

● 报告：通过调查还原案件过程后需要形成案件调查报告，并提出案件处理建议，例如按照公司制度进行内部处分、解除劳动合同、移送司法机关等。

第七节 宣传培训：与相关方"对话"

在全公司范围内进行反腐培训和宣传可以让员工更好地

了解公司对腐败的态度和政策，并与员工的工作结合起来，不仅规范员工自身的行为，同样帮助员工识别可能发生的腐败风险并进行有效举报。当然，培训和宣传同样要对合作伙伴开展，这对于合作伙伴了解公司的反腐败政策，进而遵守反腐败约定，保持诚信的合作关系非常重要。

在执行反腐培训与宣传的过程中，需要重点考虑以下方面（参见图 8-7）：

图 8-7　反腐败培训与宣传要考虑的内容

● 发出者：确定由谁来进行反腐培训与宣传，这需要站在廉洁合规体系的角度进行职能的界定。

● 内容：反腐培训和宣传的内容要根据腐败风险治理的重点进行内容的编排，例如法律法规、公司制度、案例、行动建议、举报渠道等。

● 渠道：在向员工和合作伙伴传达反腐内容时需要考量

225

合适的渠道，例如现场培训、在线培训、现场宣传活动、视频播放、宣传手册等。

● 接收者：在向接收者进行培训宣传时，要对对象进行划分，例如公司管理者、关键岗位员工、新员工、合作伙伴等。

● 评估：在实施培训宣传活动后，要对效果进行评估并进行改进，评估的方式有考试、调研、相关性数据分析等。

第八节　管理改进：反腐没有"休止符"

企业廉洁合规工作是一个持续性的过程，对这个过程进行定期的评估对于廉洁合规工作的有效性提供了重要的依据，同样也为工作的改进提供了参考。评估的过程应侧重于衡量腐败管理工作的成果，而不只是做了哪些事情。同时根据评估结果来改进和优化廉洁合规工作计划。

在这个过程中需要重点关注以下问题：

● 评估和改进的工作由谁负责；

● 使用什么方法或工具来进行评估；

● 设定评估和改进的周期和范围；

● 为评估和改进活动制定明确的衡量标准；

● 评估和改进应当是持续性的而不是一次性的；

● 根据评估和改进进一步纠正具体的廉洁合规行动。

　　企业廉洁合规工作是一个系统性的工程，不仅需要获得董事会或 CEO 的支持，还需要各个部门的配合，也需要一支专业的团队来具体实施。本书尝试提供实用的建议和指导，来帮助企业廉洁合规工作的落地。当然，每家公司面临的具体腐败风险是不一样的，这也需要企业根据自身的实际情况在使用本书的过程中进行适当的调整，以适应企业腐败治理的目标和需求。同时，市场环境和监管环境也在不断变化，这也需要我们不断改进、优化廉洁合规工作，帮助企业健康可持续发展。

　　最后，我们也提供了一份企业廉洁合规成熟度的评估表，帮助您更好地了解企业目前的廉洁合规情况。

表 8-2　企业廉洁合规成熟度评估表

评估项目	一级效度 风险失控	二级效度 形成意识	三级效度 机制建立	四级效度 有效管控	五级效度 创新引领
廉洁文化	公司层面没有廉洁合规意识，缺乏反腐败动作	公司层面有廉洁合规意识，但廉洁文化依赖口口相传	公司层面较为重视廉洁合规，并且进行了少量的规范化动作	公司层面极为重视廉洁合规，并且建立了管理层承诺和相关方承诺、举报渠道等	将廉洁合规上升到公司战略层面，以经营和利润为出发点全面建立并不断优化廉洁合规机制
反腐制度	公司没有反腐败制度	反腐败制度零星见于公司其他制度文件	公司建立了部分独立的反腐败制度，但未有效执行	公司建立了完备的反腐败制度，并且进行了有效执行	反腐败制度成熟运行，并根据反馈不断优化改进

续表

评估项目	一级效度风险失控	二级效度形成意识	三级效度机制建立	四级效度有效管控	五级效度创新引领
组织保障	没有反腐败职能	反腐败职能由其他部门兼管或没有专职人员	有独立的反腐败职能部门,但工作职责界定不清,缺乏规范化工作流程	有独立的反腐败职能部门,工作职责界定清晰,工作流程规范	独立的反腐败职能部门内部分工明确,形成有效协同机制,高绩效产出,并且定期汇报与工作改进
风险评估与应对	从未对业务高风险和重点领域进行腐败风险识别和评估	对部分业务高风险和重点领域进行了腐败风险识别和评估	建立了整个公司层面的腐败风险评估机制,但缺乏有效应对措施	对整个公司的腐败风险信息进行汇总分析,形成了腐败风险信息库或风险地图,并制定有效应对措施	运用数字化手段全面分析腐败风险,不断纳入新的风险信息并且定期回顾
案件调查	没有腐败案件的调查	调查的开展依赖外部的资源或具有随机性	能够根据发现的线索进行有效调查	配备专职调查员,将案件调查进行规范化	独立的腐败调查机制,并将调查结果应用于业务流程的优化
培训宣传	没有反腐败培训与宣传	管理人员在部门会议上进行口头宣导	有专职人员进行反腐败培训与宣传,但内容陈旧,缺乏效果评估	专职人员进行课程开发、更新、讲授,不定期进行反腐败宣传活动	建立了完备的培训与宣传机制,形成部门间联动机制,并进行效果评估与改进

续表

评估项目	一级效度风险失控	二级效度形成意识	三级效度机制建立	四级效度有效管控	五级效度创新引领
管理改进	没有廉洁合规相关的活动记录或报告	有廉洁合规相关的简单记录	廉洁合规工作形成了规范文件，并形成了汇报机制	将廉洁合规纳入公司层面的管理程序，形成有效的廉洁合规文化	形成持续的监测和管理机制，影响到公司业务上下游的诚信合作关系

图书在版编目（CIP）数据

实体企业反腐密码 / 段秋斌主编. --北京：中国
人民大学出版社，2022.10
　　ISBN 978-7-300-31055-8

　　Ⅰ.①实… Ⅱ.①段… Ⅲ.①民营企业-廉政建设-
研究-中国 Ⅳ.①F279.245

中国版本图书馆 CIP 数据核字（2022）第 178127 号

实体企业反腐密码
主编　段秋斌
Shiti Qiye Fanfu Mima

出版发行	中国人民大学出版社			
社　　址	北京中关村大街 31 号		邮政编码	100080
电　　话	010-62511242（总编室）		010-62511770（质管部）	
	010-82501766（邮购部）		010-62514148（门市部）	
	010-62515195（发行公司）		010-62515275（盗版举报）	
网　　址	http://www.crup.com.cn			
经　　销	新华书店			
印　　刷	德富泰（唐山）印务有限公司			
规　　格	148 mm×210 mm　32 开本	版　　次	2022 年 10 月第 1 版	
印　　张	7.875 插页 3	印　　次	2022 年 10 月第 1 次印刷	
字　　数	135 000	定　　价	68.00 元